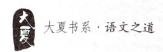

大夏书系·语文之道

致语文教师

ZHI YUWEN JIAOSHI

余映潮 著

华东师范大学出版社
全国百佳图书出版单位

目录

自 序 | 1

第一辑 成长智慧

1. 耐力是一种智慧 | 3
2. 趁着年轻多做事 | 6
3. 练好四项基本功 | 9
4. 充分利用业余时间,是延长生命的一种方法 | 12
5. 进入教学研究,永不言迟 | 14
6. 教师的第一科研能力是提炼能力 | 16
7. 先做好一个方面的专题研究 | 18
8. 不同深度的磨炼产生不同高度的水平 | 20

9. 角度：创造与创新的着眼点 | **22**

10. 以自信迎接挑战 | **24**

11. 体验成长的乐趣 | **27**

12. 因为工作，所以幸福 | **29**

13. 研究名师，发展自己 | **32**

14. 不离学术，不离实践 | **34**

15. 自己训练自己 | **36**

16. 人多的地方没有积雪 | **38**

17. 随时把思想所得变成文字 | **40**

18. 一定要有指标要求 | **43**

19. 教学资料与文献意识 | **46**

20. 规划自己，塑造自己 | **48**

第二辑　教学智慧

21. 教学理念的创新　｜　55
22. 教材研读的创新　｜　61
23. 教学创意的创新　｜　71
24. 教学思路的创新　｜　79
25. 教材处理的创新　｜　85
26. 教学手法的创新　｜　92
27. 提问设计的创新　｜　99
28. 课中活动的创新　｜　106
29. 语言教学的创新　｜　114
30. 教学细节的创新　｜　122
31. 朗读教学的创新　｜　131
32. 教学方案的创新　｜　139

第三辑　治学智慧

33. 课文读写法　| 　**151**

34. 自建仓库法　| 　**160**

35. 精品收藏法　| 　**170**

36. 案例分析法　| 　**177**

37. 多向运思法　| 　**192**

38. 横向联系法　| 　**199**

39. 纵深探索法　| 　**207**

40. 发现命名法　| 　**213**

自　序

我希望每一位语文教师在生活中、工作中都充满智慧。

我的这一本小书，结合自身的经历与感受，结合我的教学研究与实践，大致从三个方面对教师的智慧进行了初步的诠释：

成长智慧，教学智慧，治学智慧。

我视成长智慧为第一。

我自己的那些修身警言，既能够常常给我以警醒，又能够让我与青年教师共勉。它们是我事业道路上不可或缺的思想火花，是我宝贵的思想财富。

我珍视在事业奋斗中对生命的历练——

历练生命。

每天做一点，一直向前走。

趁着年轻多做事。

有了一种追寻的勇气，生命便永远年轻。

耐力是一种智慧；坚持走难走的路，必定能见到不寻常的美景。

人生丰富的经历以及在世事风云中留下的深浅足迹，会显现出一种沧桑风味，像情节曲折的故事，像峰回路转的奇景，让人咀嚼回味。

保持追求人生目标的持久性和忍耐性，让自己具备走向成功的不可或缺的坚强意志。

一个人有了毅力，就能勤奋，就能自信，就能坚强，"不管风吹浪打，胜似闲庭信步"，就能在喧闹的世界里沉静下来，积累人生的美丽。

那种笔墨写的文字固然能够长久地保存，然而更重要的是那种刻骨铭心的咬牙坚持的历练，是那种板凳要坐十年冷的精神与行为，是那种在教学研究中朝迎彩霞、夜送星星、日有收获的幸福与愉悦。

如果一个人能够"苦做"，又能够"巧做"，他就有较大的可能取得成功。

我赞美为语文教育事业而进行的奋斗——

名师，都是在艰苦的环境中或自设的艰苦环境中成长起来的。

在工作状态中的中小学教师，成功的机会在八小时之外。

事业的构思就像咏物言志散文的构思：托物，蓄势，开掘。

发展自己是我们每个人真正的大事。

走向成功的基本前提是占有时间，勤奋积累；发展自己的基本要求是钻研教学，突破专题。

热爱心中的语文教育事业，扎扎实实地做一点学问，练一点本领。

一个希望非常成功的人，必须能忍受多方面的磨炼。

不同深度的磨炼产生不同高度的水平。

"大量"显现着力量。

时间比金子还宝贵，一个人如果没有了时间，那就什么都没有了。

事业的阳光是什么，是学问；把事业的阳光洒向自己，就是让自己成为一个有学问的人。

坚持燃烧自己创造的激情，这就是"智慧"。有了这种"智慧",就有了追求人生目标的持久性和忍耐性,让自己具备走向成功的坚定意志,让自己赢得创造成果的宝贵时间。

沉浸在自己事业的世界里,就是修炼。

成功在于毅力,成功也在于方法。

做一个治学勤苦的人,做一个思考深刻的人,做一个追求高度的人。

我得益于并永远相信"积累"的力量——

注重积累能让一位教师的个人水平"升值"。

越是有丰厚的积累,越是容易看到事物的空白,越是容易触发研究与写作的思绪;没有积累就进行拓展,于生活于学问都是一句空话。

当我们的提炼能力上升到"发现规律"的层次,我们在语文教学方面就会拥有很高的洞察力。

作为一名优秀的力求上进的语文教师,坚持研究是提升自己的真正坦途。

就教师的职业而言,积累决定底蕴。

几十年坚持不懈的人,才有可能成为"专家"。

细水长流,深刻思考,勤奋探究,一定能够让一位脚踏实地的奋斗者"化蛹为蝶",脱颖而出。

作为年轻的中学语文教师,如果能有一段相当长的时间积累资料、提炼经验,可能于一生的教学研究都有好处。

没有业余时间就没有优秀的成果。

如果没有大量的学术资料的支撑,一般研究者的研究是行之不远的。因为他不知道学术世界正在发生什么样的变化,不知道别人的研究走到了一个什么样的境界。

摘抄、摘录、摘记首先是一种学习的过程，而最为重要的过程在于之后的"分类研究"。凡大量的资料，不进行分类，不进行"连类而及"，便削弱了其研究的价值。

文献意识，是助你腾飞的隐形的翅膀。

我认为优秀的教师应该有优秀的学习方法与思想方法——

在做学问方面，要淡看世界，重看自己。

学问让人自信，学问让人阳光，学问让人谦虚，学问让人健康。

心静，专心致志，这其实是非常高妙的思想方法。

中学语文教育教学研究中还有无数个空白无人问津或者涉之不深，任何时候进入这种研究都不能称之为"迟"。

深深地思考语文教学能让我们的脑海里迸闪出理性很强的想法，这就是思想火花。抓住这些瞬间闪现的思想火花展开研究，往往能让我们获得生动、真切、实在的研究成果。

在很长的一个时间段内坚持运用一种主要的学习方法，全力以赴，持之以恒，思考、积累，突破难点，提高认识，形成自己的见解，实际上是在进行某个方面的专攻。

能够在细节上做出深度的人，是严谨工作的人，是严谨治学的人，是比别人花费更多的时间与精力来做好同一件事的人，同时也是可以将事情做得好上加好的人。

教师发展自己的基本要求是：钻研教学，探究专题；教师在教学业务提升方面，坚持"专题研究"是成功的秘诀。

做好自己选定的专题研究，对教师特别是年轻教师有极大的好处。它能够锻炼、提升教师这样一些基本能力：科研话题的定向能力，设想与策划能力，发现问题的能力，教学实验能力，收集整理提炼能力，资料参读能力，论文写作能力。

只有精于教学研究而且确有心得的人，才有可能产生论文成果；论文写作的基础就是研究，有深刻的研究才有优秀的论文。

一项工作，有一般技能和高层技能的区别；一个工作着的人，应该追求高层次技能。

追求创新，主要在四个字上下工夫：角度，难度。"角度"好加上"难度"大，就是高层次技能，就是创新。

思考能成就谋略，思考能产生成果，善于思考的人是智慧的人。

在这些修身警言中，我很喜欢下面这句关于工作风格的话——

我们要常常记得多为别人着想，常常记得将自己的研究所得与大家共享，这是一种文化；做事要格调雅致，要内涵丰富，还要诚信负责，这是基本素养。

在我的这本小书出现在大家面前的时候，我也一并呈上我心中的这些话语，希望有更多的教师朋友静心地、踏实地、创造性地发展自己的事业，希望我们都成为受学生欢迎的智慧的语文教师。

余映潮
2012年9月1日于武汉映日斋

第一辑／成长智慧

有一份教师的工作，就有在教学之中成长的话题。

关注教师的成长，教师关注自身的成长，都是智慧的思维。

成长伴随着艰苦，也带来了乐趣。

没有工作中的艰苦甚至苦难，我们难以修炼身心，顽强奋进，表现出健康的成长力。

没有工作中的乐趣与幸福感，我们便缺少了长久悠远的时日中对工作的享受。

当教师的人如果能常常体验到"成长的乐趣"，那就会有年轻的心，会有童心，会有诗心，会有信心，会有热爱生活、热爱事业之心。

于是，就有了人生中最好的心情——快乐之心。

1. 耐力是一种智慧

有一年，荆州市教育局用"名师一条街"的形式宣传当地名师，在一条长街的每根电线杆上悬挂一位名师的大幅照片，照片上还写有"个人格言"。

我的个人格言就是：耐力是一种智慧。

主持此项工作的领导希望我改为"耐力是一笔财富"，我没有同意。

我以为，很多事都可能是人生的财富。像这样关于"财富"的"格言"，对人们只是一种鼓励。

而"耐力是一种智慧"则不同，它能表现一个人在人生与事业之路上坚持跋涉的生存观。

居里夫人说："生活对于任何人都非易事，我们必须有坚韧不拔的精神。最要紧的，还是我们自己要有信心。"

我是从"生存"的角度来深深体味"耐力"二字的。我的体会更加切合自己的生活实际。我曾经这样说过："每一个人的道路上，命运都有可能安排你像挑夫一样挑着重担在无路可走的地方走一段路，你只能咬牙，艰难地跨出带着呻吟的步子，向前走。"

在无路可走的地方坚持着自己的开辟工作，在非常痛苦的披荆斩棘之中坚持着一步一步地前进并找寻到自己的一条道路，这就是生存的智慧，这就是事业的智慧。

没有坚持，就没有生活；没有坚持，就没有经历。

"坚持"二字，就像"时间"二字一样。我们说，如果没有时间，我们便什么也没有了；我们同样可以说，如果没有坚持，我们也什么都没有了。

我用我的耐力，塑造着自己的生活和工作。

十几年的农村生活，二十几年的教研工作；荆州市初中语文五支教研队伍数百弟子的培养，连续16年的荆州市初中语文课堂教学艺术研讨会的召开；千余节课的听课记录，上百节课的教学演示；坚持数十年的资料性阅读，无法计算的资料目录索引的积累；几尺高的写作手稿，1000多篇长短论文的发表；《中学语文教例品评100篇》的问世，《余映潮阅读教学艺术50讲》的出版；成百张粘贴在书柜和墙壁上的"任务"纸条，四五双因冬天打字而破损的手套；十几部书稿的编纂，几十个专题讲座的准备；23年的荆州市中考语文命题，上百套各类语文试题的编拟；几乎没有休息过节假日，从来不请假的工作记录……这一切都显示了我生命之力的坚韧。

坚持着，坚持着，坚持着；学习，工作，创造，这就是"智慧"。

这种"智慧"，就是有着追求人生目标的持久性和忍耐性，让自己具备走向成功的不可或缺的意志与时间方面的充裕条件。"耐力"这种优秀品质，从人生的角度而言，应该是每个人都能够具备的。

即使是细节性的工作或者研究，也极其需要耐力。

细节化的研究，就是耗费时间的研究，就是耗费精力的研究。

每在细节的研讨上增加一笔，就等于成倍地增加时间的消耗。

坚持细节化的研究，要有极好的耐性。

当你面对书桌几个小时写不出一个字的时候，当你翻阅大量资料而精疲力竭的时候，你都得平静地坚持。

我不怕消耗，我能坚持，于是我能做出很多优化的细节化的内容。

如，可能没有人像我这样就教学细节的设计艺术进行精细的研究，从2003年到2012年年底，10年之间，我写出了整整80篇心得体会，在山西的《语文教学通讯》上连载，每一篇短文的标题都是8个字：

理性思考，诗意策划；整体勾勒，匀称安排；开课揭题，直入情境；挈领而顿，百毛皆顺；淡化提问，活动依然；指导朗读，灵动多姿；习点精粹，氛围浓郁；寓读于说，生动热烈；创新活动，话语纷纭；设置话题，讨论交流；研读教材，启发创新；精巧命名，点示规律；自然迁移，润物无声；快捷切入，省力省时；语言学用，句段读写；捕捉要言，提取信息；含英咀华，课文集美；切分板块，理清思路；围绕线索，牵动品读；联读扩展，拓宽视野；穿插引进，巧用资源；情境生动，情趣盎然；整体反复，多角理解；把握文意，选点突破；读法示例，化解难点；训练检索，整合提炼；巧妙导入，自然得体；生动收束，余味犹存；……真可谓"十年磨一剑"。

像这样的艰苦探索早有先例,从1993年到1999年,前后7年的时间,我写的《中学语文教例品评100篇》在《中学语文》杂志上连载,被人们誉为"全国中语界最早最系统的中学语文案例研究"。

人们常常问我:你怎么有那么多的事情做啊?

潜心研究与思考,事情就可以多得做不完。

将生命、时间化为工作中、研究中无数优美的细节,这就是我的付出。

2. 趁着年轻多做事

"趁着年轻多做事。"

这是我给一位教师朋友赠言时写下的一句话。

我对他说:"年轻"这个概念是相对的。与我相比,你是年轻的;我与自己的70岁相比,我也是年轻的。我们都要趁着年轻多做事。

年轻是多么的美好,它意味着力量、阳光、健美,意味着风华正茂、朝气蓬勃、意气风发。

趁着年轻多做事,是智慧的想法,是聪明的行为,是珍惜自己生命的做法。

舍弃了青春年华中的奋斗,舍弃了青春年华中的自强,人生还有什么意思!

"趁着年轻多做事"的重要意义就是磨炼自己,发展自己,成就自己,提升自己生命的质量。

"趁着年轻多做事"这句话,"文眼"就在"多"字上。"多"在这儿的含义是:热爱,勤勉,执着,坚持,超量。

此中的"诀窍"有三:

1. 趁着年轻多做事,要找准方向。一般来说,就是争取把本职工作做得更好一些,比如"做一个受学生欢迎与尊敬的好教师",就是很好的目标。特殊地说,就是争取在学科领域内做得非常出色,比如"做一个课堂艺术研究的能手与专家",就是极其明确的奋斗方向。

2. 趁着年轻多做事,要抓住时间。年轻的时候抓住了时间就等于充分发挥了"精力"的价值。"夕阳无限好,只是近黄昏",时光虽好,精力不济了。叶芝的《当你年老时》是一首爱情诗,但其中的诗句也能在"时间与精力"方面给我们以启迪:当你年老,两鬓斑斑,睡意沉沉,打盹在炉火旁。你取下这本书来,慢慢地诵读,梦忆着你昔日的神采……

3. 趁着年轻多做事,要注重方法。不管是做人还是做事,思想方法至关重要。比如说"扬长避短"就是一种思想方法,"突出重点"就是一种思想方法,"形成特色"就是一种思想方法,"人无我有"就是一种思想方法。有了正确的方法就有了正确的策略,就知道自己应该如何去多做,如何去做好。

当然,生活中也有种种原因而让人在正当年轻时无法多做事的,且年轻的生命是要渐渐走向衰老的,那就是另外一种说法了:趁着年轻多做事,在真正年轻的时候要努力地发展自己,在已经不很年轻的时候要保持非常年轻的心态。

应该说,几十年来,不管生活多么艰苦,不管工作多么繁忙,我始终都是在一种年轻的精神状态中生活;我走过的每一步,相对它后面将要出现的一步来讲,都是年轻的。因此,我常常沉浸在一种"趁着年轻多做事"的心海之中。

我的很多鼓励自己的话,如"每天做一点""走一步,再走一步""一直向前走"等,都与这种健康的心态有关。

于是我就紧赶慢赶,披星戴月,翻山越岭,栉风沐雨,一路走来。一直到现在,我还会说,60多岁了,多年轻的年龄啊。

每天都在读书、写作、思考、积累,乐此不疲。在《2009年,我写了多少篇文章》中,我这样写道:

2009年,我写了多少篇文章?

在繁忙的日子里,我是怎样在坚持写作?

在飞驰的时间里,我怎样将自己的思绪化为神采飞扬的文字?

在行走时,在火车上,在飞行中,我是怎样在集合着自己的只言片语?

在家里,在旅途中,在讲学之后的小憩中,我在怎样记录我所收获的点点滴滴?

如何在动中求静,如何在忙中偷闲,如何让思想的小雨不停息地浸润着我的创意?

它们是最简洁最诗意的诠释。

2009年,我写了大约130篇文章。

用大写来表示:约一百三十来篇。

不知道它们是否雄奇壮丽，不知道它们是否娓娓动听。

我只知道我的警言：随时将自己的思考所得变为文字。

于是它们就排列起来了。

像张晓风笔下的"行道树"，

像勃兰兑斯笔下的"生命"，

像艾青笔下的"礁石"，

像宗璞笔下的"紫藤萝瀑布"，

像居里夫人笔下的"我的信念"。

……

在《2011年余映潮论文、示范课、讲座目录》一文中，有以下记载：

我的2011年，非常辛苦。

这一年，共写作文章80余篇，公开发表各类文章50余篇。

推出20多个新课。

有论文、实录、访谈、评点等5篇被中国人民大学《复印报刊资料》转载。

在山西《语文教学通讯》的（A）刊、（B）刊、（C）刊和（D）刊上都发表了文章。

编写著作两本将于2012年出版。

……

这些简略的内容，都带有象征的意味，表现着我的辛苦劳作。

如果此时有人让我对自己还说点什么，我会说：趁着年轻，多读读；趁着年轻，多写写。也许，我还可以坚持10年、15年、20年……

如果此时让我多说几句，我还会说：

趁着身体健康时多做事，趁着心情很好时多做事，趁着麻烦不多时多做事，趁着天气不冷时多做事，趁着天气不热时多做事，趁着闲暇的时候多做事，趁着父母健在时多做事，趁着孩子听话时多做事，趁着生活安定时多做事……

3. 练好四项基本功

当教师的，必须要有技术。

每一位语文教师，为了学生的成长，在教学业务上都应练好四项基本功。

一、练好研读教材的基本功

教师必须有耐心训练自己研读教材的基本功，它是一切教学活动的基础，是一辈子从事语文教学的基础。

研读教材一定要依靠自身的智慧与力量，要立足于自己的勤苦钻研。精读、深读、细读，领会、赏析、体味，从不同的角度，或选点，或铺面，进行品评欣赏，从字里行间看出作者遣词造句的功夫与用心，看出文中的美点妙要，品出力透纸背的意蕴。对每一篇课文，我们都要细细地咀嚼，都要深深地钻研，力求发现其深刻奇美之处，以求教学中的深入浅出、进退自如、游刃有余。

有一定深度的赏析与品味，会使文章的文字学、语言学、美学、哲学、社会学等方面精美的手法、丰美的意蕴都显现于自己的面前。这些"独特的发现"正是具备功力和思维灵活的表现。

教师读好了教材，读透了教材，读出了教材的味道，就给学生带来了教学的福音。

二、练好能够运用多种教学手法的基本功

常常有人说，"教什么"远远比"怎样教"重要。这其实是一种偏执的说法。不研究"怎样教"，不是与时俱进的做法；语文教学，必须摒弃原始，崇尚现代。"教什么"与"怎样教"同等重要。

教学手法的研究，是提高教师"怎样教"教学水平的研究。教学手法，就是让课堂教学在某一细节、某一步骤方面能够具有文趣、具有情味、具有美感、具有诗意的教学技巧或方法。

"教学手法"四个字能衡量出教师教学水平的高低。凡教学手法贫乏的教师，都无法艺术地、生动地、有效地驾驭课堂。可以说，没有或者少有教学手法的运用，就没有科学的艺术的课堂教学。

为了适应在课标背景下的中小学语文教学，教师要着力研究一些常用的基本手法。如朗读手法、学法手法、讨论手法、赏析手法、讲析手法等。

运用这些教学手法的基本出发点，就是有利于、有益于学生在大量的语文实践中学习运用语文的规律。离开了这一点，就无所谓创新设计。运用这些手法的艺术性要求，就是要有诗意，要高雅、美好、益情益智。

在阅读教学设计的艺术中，"诗意手法"是前沿。要研究阅读教学设计的艺术，需要着力研究"诗意手法"。如诗意地勾勒教学思路，诗意地提炼教学内容，诗意地安排教学活动，诗意地进行对话交流，诗意地进行课堂讲析，等等。

如果有更多的学生在更多的细节里生活在富有诗意的学习活动中——求知，求智，求趣，求美——那该是多么的美好。

手法高妙的语文教师，教学氛围、教学效果一定高人一筹。

三、练好作文指导教学的基本功

一般而言，中学的作文教学面临着两个大的问题。一是教材上基本没有指导文字，二是教学手法单调。可以说，大面积上的作文教学，基本上没有像样的"指导"。我所说的"指导"，是写作技能与构思方法的指导。

作文教学，弱在教师这一边，弱在教师备课不精致、提炼不到位、指导不得力。所以说，语文教师应该也必须练好作文指导教学的基本功。

作文教学体系庞大，内容丰富，我们要从最基础的功夫练起。最基础最重要的基本功是：能够精选范文，提炼规律，指导到位。范文的重要作用在于显现形式、表现模式、突现规律。

文章的形态是通过"模式"表现出来的。熟悉了文章的一些写作模式，知晓了文章的一些表达规律，习作者就可以进行模仿，进行化用，进行改进，进行创造。所以，要想训练学生尽快地学会写文章，应该做到模式先行、规律指导先行、构思训练先行。日常教学中，我们之所以注意对经典范文的学习，就是因为它们主要在语言与模式两个方面闪耀着光彩。

如果我们练就了这项最基础最重要的基本功，可以说，我们已经比较有功夫了。

四、练好科学地指导学生复习应考的基本功

考试，是体现国家与政府对教学质量进行管理的一种特殊方式。中考与高考，是一种政府行为。所以，当教师的必须而且应该具有指导学生复习应考的本领，这一定是教师最重要的基本功之一。

考试研究也是一种科学研究，这里面有着精深的学问。"磨炼"我们的要点有三个：1. 如何精于考点提炼，2. 如何善于训练指导，3. 如何巧于计划安排。

这三个要点，每一个都可以让我们升华认识、优化做法。深入进行这些方面的研究，可以真正尝到科学备考的甜头，而我们的学生，也就有可能离开辛苦无边的"题海战术"。

每位语文教师，一辈子都需要习练这四项基本功。

路途漫漫，教艺无涯，让我们翻山越岭，一路前行。

4. 充分利用业余时间，是延长生命的一种方法

发展自己是我们每个人真正的大事。

从中小学教师工作的特点看，可以说，没有业余时间的利用就没有优秀成果的产生；也可以说，没有业余时间，就没有课堂教学的专家。因为，发展自己的基本要求是钻研教学，形成特长；因为，走向成功的基本前提是勤奋积累，突破专题。而这一切，都需要时间。一蹴而就的成功只能是想象中的故事。

中小学教师职业的特点是缺少时间，因为我们绝大部分的时间都消耗在日常教学工作中了。所以，在工作状态中的中小学教师，成功的机会在八小时之外。这是一门学问。

有人说，今天太宝贵了，如果我们没有今天，那我们就什么都没有了。我还想这样说，我们曾经拥有很多"今天"，但由于种种原因，在曾经所拥有的很多个"今天"中，我们却也是什么都没有。

在生命的长河中，我因知青下放而损失过10多年的时间。似水流年，无可逆转。一切都晚于人家，一切都需要时间，一切都脚步匆忙。

我曾将我的感受写入我在教学《假如生活欺骗了你》时与学生一起写作的短诗中：

> 假如生活重新开头，新的美景在向我招手，我欣喜地拥抱我的时光，把两步当作一步走！

为了每个今天的"有"，我非常珍视业余时间，有着良好的利用业余时间的习惯。我将我对时间利用的感受写入短文《立即》：

> "立即"，就是让自己快点做起来。"立即"，就是简洁，就是快速，就是极有自制力。"立即"因此而给了我们以最最宝贵的财富：时间。与时间同步的，还节省了我们最最宝贵的另一种财富：精力。"立即"应是一种生活习惯，一种精神状态，一种立人方式；"立即"

带来的是效率。而我们生活中的休憩、愉悦、浪漫，并不会因此而逊色。不教一天闲过。

如果从时间的角度来评价，我是一个几十年来基本上没有享受过尽情休息的人。我的绝大部分成果，都是在休息日、节假日和其他业余时间中创造出来的。我可以用无数的例子证明我对时间的珍视。在我的生活里，时间是可以分层次地利用的。

生活中的零碎时间，我用来思考一些问题，回忆一些事情，回味一些课文内容，回想一些教学设计的细节。就像我在一篇短文中所写的那样："我有遐思的艺术。我常常在孤寂的旅途中放飞我的思绪，让它迎着蒙蒙的细雨，迎着灿灿的阳光，迎着柔柔的和风飘向远方。"

晚上在家的时间，常常用来静心地写作。宁静的夜晚，带给自己的沉思或写作以诗一般的意境。特别是冬天的晚上，四周一片寂静，戴着薄薄的手套打字，键盘清脆的"嗒嗒"声伴随着飞扬的思绪，让人不知道时间的悄然流逝。有时完成一篇文章的写作，站起来时双腿已经麻木了。

双休的时间，长假的时间，寒暑假的时间，中考命题中的剩余时间，都是可以用来做"大事"的。2005年中考命题，我被"关"了24天，用8天时间完成中考命题的工作，剩下的时间就是一天又一天的写作：写成了给《学习报》的10篇文章、给《语文教学通讯》的9篇专栏文章。

近20年的春节，没有一个是不用来进行论文写作或讲座稿的撰写的。

因为如此，我能够连续20多年保持着每年发表论文50篇以上的纪录，这种纪录一直延续到2011年。我常常为我赢得了大量的业余时间而觉得欣慰与幸福，并有着深刻的感悟：

能够充分利用时间发展自己或者发展事业的人，是大智若愚的人，他好像只知道珍惜时间，其实是抓住了根本的东西。

充分利用可以利用的时间，是延长生命的一种方法。

我们无法追赶太阳，但我们可以与时间赛跑。

5. 进入教学研究，永不言迟

教学研究，永远面对着填补不完的空白。哪怕你到 100 岁的时候，只要你有兴趣，还有研究的空白在等待着你。这是我真实的体会。可以说，中学语文教育教学研究中还有无数个空白无人问津或者涉之不深，任何时候进入这种研究都不能称之为"迟"。

以"发表连载文章"为例，我就突破了一个巨大的空白——中语界，极少有人能够长年写专栏文章、连载文章。

到 1993 年，新中国的语文教育研究进行了快 50 年了吧，却基本上没有系统的案例研究。我这个在事业上起步很迟的人，却在这一年开始了中学语文案例研究，用 8 年的工夫，给湖北的《中学语文》杂志写了系列稿《中学语文教例品评 100 篇》。这比一般的案例研究早了 10 年。

到 2002 年，新中国成立 50 多年了，中学语文阅读教学艺术的研究却同样没有系统地进行过，不论是个人进行的还是集体合作的。而我在长期研究的基础上，从 2002 年到 2004 年，用了 3 年的时间写出了《余映潮阅读教学艺术 50 讲》，在《中学语文教学参考》连载之后结集出版。

直到 2006 年，中语界还很少有人专心地对中学语文教师的"学法"进行深刻研究，这就形成一个很有趣也可以说是带有一点讽刺意味的教学现象：我们天天在讲要注重培养学生的"学习方法"，而广大教师自己却很少受到过比较专业的"学法"的熏陶。从 2005 年起，我的《中学语文教师实用研究技法 20 讲》开始在刊物上连载，目录索引法、资料摘抄法等 20 种实用研究技法的介绍深受一线语文教师的欢迎。

还有：

1996 年到 1997 年，我在《语文教学与研究》杂志上连载"教学设计艺术"短文 16 篇。

1998 年到 2003 年，我在《中学生阅读》杂志上连续发表"别出心裁读课文"的小论文约 40 篇。

2001年起，我在《学习报》上连载"方法式阅读"短文近百篇。

2005年，《光明日报》以《中学语文教学"创新设计"》为主题，发表了我的10篇文章，人们认为这是一件破天荒的大事。

2007年，我在《中学语文教学参考》上的"映潮说课"专栏开始运行，接着《语文世界》的同类专栏也开始刊发我的"说课"稿。我在这两本杂志上一共发表了"映潮说课"稿50余篇。

2003年到2012年底，我在《语文教学通讯》的"名师讲坛"专栏中发表"阅读教学诗意手法"方面的连载系列论文80篇。

2012年，我在北京《中学语文教学》上开始发表教学艺术"微型讲座"系列文章。

此中之苦，此中之甜，不可言喻。这些，其实还是应了我的那句话：耐力是一种智慧。同时也应了这句话：进入教学研究，永不言迟。

6. 教师的第一科研能力是提炼能力

语文教师的第一基本功是能够读出课文的味道。

语文教师的第一课外阅读是中学语文专业杂志。

语文教师第一要克服的难关是论文写作关。

语文教师的第一科研能力是提炼能力。

……

这是我从"语文教师业务素质"的角度常常说的几个"第一"。

"提炼",有两个方面的含义,一是指从事物中进行提取,含有筛选提纯、聚集精华的意味;二是对事物、现象进行归纳,含有小结经验、发现规律的意味。我所说的"提炼",主要是从第二个方面的含义来说的。

将"提炼"用于生活,用于思考,用于观察,用于研究,其含义就是去粗取精,变隐为显,化繁为简,发现规律。这是一种在对大量事物、现象进行观察或者在拥有大量资料的基础上抽象出规律的研究方法。

"提炼"是积极的思维方式,它要求我们从芜杂纷繁的材料中发现规律,能根据自己的需要而进行吸纳,能表现自己独到的提取角度。

"提炼"是科学的操作技法,它要求我们有识别的眼光,有划分归类的标准,在语文教学中寻找、发现、提取出某个方面的技巧与规律并艺术地运用于教与学。

"提炼"是一种高层次的发现能力,它要求我们善于划分,善于归纳,善于概括,善于结论,在筛选、组合、思考、验证的具体实践之中理性地发现一些客观存在的规律,用于指导教学、提高自身。

之所以将提炼能力称为"教师的第一科研能力",就在于它要求"抽象",在于它能让我们发现规律。有了这种能力,我们就能洞悉事物,就能在"深刻"与"高效"上提高我们的教学能力。

抽象是思维层次很高的、理性的提炼方法。

抽象是建立在真实材料基础上的划分、归类、概括、定性。

抽象提炼，就是面对资料进行去粗取精的筛选，进行分门别类的组合，进行事物规律的发现与命名。抽象提炼是由感性上升到"理性"阶梯。拥有了这种研究技法，能够让我们在做学问中成为一个很理性、很清醒的人。

"提炼"的基本手法大致上分三步：第一步，积聚材料；第二步，划分归类；第三步，定性命名。

请看我下面的一则"提炼"——古诗赏析的一般角度：

1. 总的来看，诗歌欣赏的着眼点是：诗情画意。

2. 从人们的欣赏规律来看，诗歌欣赏的着眼点是：语言之美，意象之美，音韵之美，画面之美，手法之美，构思之美，意境之美，情感之美。

3. 从语言表达来看，诗歌欣赏与表达的着眼点是：全诗概说，字词品味，诗联赏读，景物描述，手法揣摩，情感体味，主旨探求，风格评论。

4. 从细部的欣赏品味来看，诗歌赏析的着眼点有：人物，时空，动静，声色，上下，远近，宏微，刚柔，景情，视听，离合，声韵。

5. 从对全诗的赏析文字来看，有这样几种表达风格：整体概说式，整体叙说式，整体评说式，整体赏析式。这四式，基本模式为总分总，中间分联评说。

6. 理解、品味文言诗词，人们有很多高雅的方法：用译诗来解说内容，用描述来表现诗境，用抒情来表达感受，用阐释来点示深意，用吟诵来传情达意，用评说来赏析美点。

……

不占有大量材料，提炼不出上述内容。由此可见，培养"提炼"能力，实际上也是在培养我们"经受磨炼"的能力。"提炼"二字，能让人的思想与思维不停息地进行劳作。

从生活的角度看，善于提炼的人，也善于观察生活，观察社会；善于对人、对事物、对生活进行感悟与提炼。从而有利于自己的成长，有利于自己的发展。

这就是"方法"的巨大作用。优良的学习方法背后，是正确的思想方法。

7. 先做好一个方面的专题研究

教师发展自己的基本要求是：钻研教学，探究专题；教师在教学业务提升方面，坚持"专题研究"是成功的秘诀。

我这里所说的"专题研究"，不是指大家一起来做的"课题"。所谓"课题研究"，其流程一般是：申报课题——得到批复——开展研究——积累资料——提炼成果——验收课题——颁发奖证。这样的课题研究对于教师关注教学研究有一定的好处，但毕竟是大家一起来做的事，个人深入的程度往往不够。

我所说的"专题研究"，指的是教师个人根据自己的业务特长，结合自己的爱好，考虑到教学实际的需要而独立进行的关于语文教学某个方面的定向研究。可以说，这样的专题研究就是自己给自己安排的微型研究项目。

做这样的专题研究，对教师特别是年轻教师有极大的好处。它能够锻炼、提升教师这样一些基本能力：科研话题的定向能力，设想与策划能力，发现问题的能力，教学实验能力，收集整理提炼能力，资料参读能力，还有论文写作能力。

所以，如果教师能够实实在在地先做好一个方面的专题研究，那么他就有可能在教学研究的道路上趟出一条或浅或深的路子。有了这样一趟旅程，就会兴致盎然地去走第二条、第三条路。

做好自己的专题研究，有如下几个方面的基本要求：第一，选题要实；第二，开口要小；第三，素材要多；第四，总结要精。比如"怎样研读教材"，是一般教师不屑于去做的一个专题研究，但我却做得有滋有味。请看我的研究内容：

教学警语——

课文研读，是语文教师最基础、最常用、最必需的研究方法。

研究内容——

1. 拆分式阅读。这种方法锻炼我们对文本的分解、分类、发现、提炼、命名、化用的能力。

2. 选点式阅读。这种阅读方法集中我们的注意力，让我们将课文中的一个点读透。

3. 反复式阅读。此法的实质在于"多角度"。它培养我们思维的灵活性，培养我们的创造性阅读能力。

4. 连类式阅读。这是集"散"材料为"类"材料的阅读。这种读法可以开拓出教材的无限疆界，使教师成为知识花篮的编织者。

5. 提要式阅读。它让我们学会集纳、提取课文的妙要，让我们学会精选，提高我们优化教材的能力。

6. 赏析式阅读。即品读，鉴赏，美点寻踪，妙要列举。它让我们体味课文的深刻奇美之处，提高我们的文学欣赏能力。

7. 发现式阅读。这种方法常常要求我们变角度思考语文现象，从而引出自己独到的发现。

8. 资料式阅读。这种研究方法培养搜集、撷取、整理、归类、运用教学资料的能力，让我们有丰厚的积累。

研究体会——

钻研教材，求有自己独特的发现：挖掘以求深，辨误以求真，发散以求活，变角以求新，连类以求趣，探幽以求奇。如果没有教师的精读，则一定没有精彩的教读，没有生动的课堂交流。

从阅读教学的角度讲，教师的"深化课文研读"是一种"铺展"的艺术，其高层次的境界是：读得细腻，读得深刻，读得奇美。

总的来讲，我们可以用八个字来概括教材阅读的方法，那就是"上下求索，左右勾联"。这八个字所表现的品得美、读得深、联得宽的境界，才是对教学、对教师最为有益的阅读境界。

做完一个类似这样的"专题研究"之后，如果从心理感受的角度来欣赏自己的"专题研究"成果，大致上会有这样的一种感觉：在拨开层层"迷雾"之后，自己的"面目"已经"焕然一新"了。

在有关语文教学的专题研究中，无数美好的小小项目正等待着我们……

8. 不同深度的磨炼产生不同高度的水平

我曾经对我的一些教师朋友这样讲：

发展自己是我们每个人真正的大事。

给自己多储备一些知识，让自己多增长一些学问，逼自己多培养一些能力。

做一个治学勤苦的人，做一个思考深刻的人，做一个追求高度的人。

名师，都是在艰苦的环境中或自设的艰苦环境中成长起来的。

我还对他们说：

一个希望非常成功的人，必须能忍受多方面的磨炼。

谁经过了如下八大技能的痛苦磨炼：教材研读、资料积累、教案设计、作文研究、论文写作、考试研究、案例分析、教学技能训练，谁就是一名非常优秀的语文教师。

我自己所经受的痛苦的磨炼，就是多方面的、立体的。在我的自传体短文《一直向前走》中，我这样写道：

常年多侧面、多角度的分析、思考与提炼让我发现了语文教学很多方面的规律，更让我发现了很多无人问津的空白，我的教研工作总有着新鲜而开阔的视野，我在宏观思考和微观操作中都获得了无尽的收获与乐趣。

为了读书，节假日我很少休息过。有人问我，你是怎样坚持下来的？我说：每天做一点吧，走一步，走一步，再走一步。人，在很累的时候，要像运动员那样，挥一挥紧握的拳，鼓励自己。

在我的《〈听余映潮老师讲课〉自序》中，有这样一段话：

与国内的大多数名师相比，我有着更为丰富深刻的教研生活。我不仅仅是受人之约到各地去讲课，那是近年来才有的事。在我的日常工作中，我要长期深入基层，要听大量的课，要送课下乡，要连续二十几年参加中考语文命题工作。我还要组织主题鲜明的语文教研活动，要从课堂教学艺术研究、论文写作研究、中学生文学社团工作研究、试题研究等几个方面培养年轻的、优秀的语文教师，我必须在这所有的方面都做到"先行"。于是我受到的磨炼也就是多方面的，这些磨炼从不同的方面影响着我的课堂教学艺术研究。

在我的书房里，贴有一层一层的纸条，上面有多年来密密麻麻的工作安排，它们构成了一面奇特的"墙"，无声地显现着我完成的无数任务，显现着我巨大的工作量。我在短文《书房中的小纸条》中进行了这样的抒情：

在家里，我常常对着墙上与柜上的这些纸片沉思、说话、驰骋想象。我在心中孕育着纸片上各个条目的鲜活生命，用心中的血液和体肤上的汗水勾勒它们的可爱形象，然后喜悦地放飞它们，目送着它们去语文的蓝天里遨游。

我希望我的弟子、我的朋友、我的同人的家里都有一些这样的纸片，不管这些纸片是贴在墙上，还是存于心中。

同样，我在短文《西边那间房》中叙述了我的"繁忙"的生活：

只要是在家里，绝大部分的时间我都会呆在我的书房里。工作的策划与安排、会议细节的思考、朗读录音、自己教学片断的欣赏、一个又一个思想火花的追记、一次又一次讲稿的写作、成千上万封邮件的发出、无数个习题的编写、多少次外出讲课的策划、无法统计字数的读书笔记、数不清的电脑文件的整理，各种各样演示文稿的制作，都在这里进行，都在这里沉淀，都在这里酿造成事业的美酒。

正是由于无数艰苦的磨炼，我在中考命题研究、教学艺术研究、论文写作研究、教学实践研究、教研活动研究等各个方面各有"专攻"，创造了我的工作业绩。

于是就有了这一篇短文的命题：不同深度的磨炼产生不同高度的水平。

9. 角度：创造与创新的着眼点

创新能够显现特色。创新能够显现个人的教学教研特色。

做好自己的事业，应该而且必须脚踏实地、恰如其分地进行教学教研方面的创新。追求创新，主要在四个字上下功夫：角度，难度。

角度是观察事物的出发点，是处理事物的方式与方法，是创造与创新的着眼点。在教学创新中追求新颖实用的角度，是为了激发我们的智慧，让我们智慧地进行教研与教学。

做事也好，教学也好，"新"字主要体现在"角度"二字之上。因为"角度"好，"角度"与众不同，便有了个性，于是就叫作"创意"。

不管是教研工作，还是课堂教学；不管是研读教材，还是设计教案，我都非常注意获取"角度"。

"角度"的魅力，表现在巧妙、独特之上。"角度"是创新的生命线，没有"角度"，就是"平常"。"角度"的新奇表示着"难度"，显示着创新的高度，没有"难度"，也是"平常"。在一件与技术有关的事情上，你的难度超过了人家，你就技高一等。

在教学研究与教学实践的过程中，我感受最深的是："角度"这东西，不经过"山重水复"的跋涉，是看不到它的；不达到"千呼万唤"的地步，它是不出来的。为了它，必须付出时间，必须耗费心力。

"角度"的魅力，表现在巧妙、独特之上。寻求新的角度来进行创新，实在是非常困难。"终日而思""冥思苦索"一般不会带来让人满意的结果。可能的好方法是进入对规律的认识，进入对事物现象的提炼。提炼之中的感受与发现可能就是真正好的角度。

比如，我曾经无数次倾听名家《水调歌头·明月几时有》的朗诵录音，从中提取朗读此诗的规律，然后形成"情在抑扬中""情在起伏中""情在疏密中"的朗读训练方案。这种训练方案的角度就是全新的，有创意的，非常生动的。

下面又是一例。

为了寻求《夸父逐日》阅读教学的优美角度，创造全新而务实的教学角度，我读了大约 10 万字的资料。

10 万字的资料，听起来很吓人，其实也就是那么几十篇文章。关键是要耐心地读，耐心地感受、提炼。

我读的文章有：《神话研究综述》《原始神话：中国哲学的起源》《什么是中国远古神话》《对鲜于煌教授论"夸父追日"在酉阳的几点质疑》《从〈夸父逐日〉学想像》《夸父究竟是怎样死的》《夸父可能是我国第一个农业科学家》《对神话"夸父逐日"的不同理解》《浅谈夸父逐日的目的》《夸父是男性吗？——给"夸父逐日"说"道"》《夸父逐日新说》《夸父的"俄狄浦斯情结"》《〈说文解字〉中的"夸父"意象》……

我还查到了如下的文献目录：《夸父逐日神话的原始意蕴》《〈山海经·夸父逐日〉的本义》《揭开"夸父逐日"神话的神秘面纱》《道家寓言与"夸父逐日"神话》《夸父逐日的原始蕴涵及后世的演变》《"夸父逐日"的仪式结构及其文化内涵》《〈夸父逐日〉的文化意蕴新解》《〈山海经〉中的夸父形象研究》《神话"夸父追日"原型考》《夸父追日的深层叙事原型》《夸父原型新探——远古祈雨文化研究》《夸父是一位伟大的科学家》《"夸父逐日"并非神话——〈山海经〉新证》《造林之神——夸父》……

正是这样的付出时间与耗费心力，"角度"才"千呼万唤始出来"，《夸父逐日》的全新教学创意才得以产生。即使就朗读训练的创意来讲，角度也是那样的美妙：

朗读训练之一：读出课文中的分号与句号

朗读训练之二：读出情节中的雄壮与悲壮

……

我在研究工作与教学实践中，崇尚"角度"二字。从某种角度来讲，这是我进行创意的秘诀。角度的美妙，渗透在我的非常多的文章与课例之中。在对"角度"苦苦的不计时间成本的追寻之中，我渐渐变得聪明起来。我想：作为一项工作，它有一般技能和高层技能的区别。作为一个工作着的人，应该追求自己的高层次技能。角度加上难度，就是高层次的技能，就是创新。

10. 以自信迎接挑战

"自信"这个词很有意思，它有三种词性，表示三种有细微差别的含义：动词，自己相信自己；形容词，对自己有信心；名词，对自己的信心。

不管怎么说，它都指的是自己对自己有信心。相信自己能够去做，相信自己有能力去做，相信自己有方法去做，相信自己能够做好，这就是在生活、事业上的自信。

自信是一种优秀的心理品质，是一股鞭策自己的力量，是一种激发自己内驱力的精神状态，是一个人做事有实力、有能力、有方法的表现。

自信不是自我陶醉，不是自我吹嘘，不是自卖自夸、自我炫耀。自信需要的是行动上的勇敢与踏实，需要的是方法上的科学与艺术。

用自信迎接挑战，能够让一个人首先有了气势，有了能够做好、力争做好的精神状态。在这种状态下，就会有"脚踏实地"，就会有"想方设法"，就会有"万难不屈"。

在工作中，在生活中，我常常用自信去迎接挑战。

能够表现我自信的"典型事例"，莫过于我50岁走上讲台学讲课。

50岁，俗称"年过半百"；50岁，在乡村中学，差不多已经是退休的年龄了；50岁的教师，已经是很老的教师了。而此时的我，则面对"教研员讲课"的挑战，充满自信地走上了讲台。我用文字将我的第一次讲课简略地记载了下来：

"教例品评"写到了1997年，我有了到一线、到教室里给学生们讲课的冲动：是啊，已经评点近100个教学案例了，天下的风光被我尽收眼底，那么多名师的教学艺术被我提炼出来，我为什么不能自己上台讲课？

1997年11月26日下午，在湖北省监利县周老镇直荀中学的操场上，我开始了我的第一次公开课。

天气很冷。上课之前，天公作美，霏霏细雨骤停，没有风也没有雨。从四面八方赶来听课的语文老师有200多人；大家从来没有听过教研员上课，大家都想听一听地区来的教研员怎样上课。

这里没有大的教室，学校方面非常为难。我说，就在学校操场里上课吧，一个篮球场就能解决问题。大家赶快行动，从教室里搬出桌椅，在学校湿漉漉的篮球场上摆开了阵势，黑板放在体育老师喊操用的土台上。

我带了两个课过来，一是郭沫若的《天上的街市》，一是文言课文《口技》。

这个镇是柳直荀烈士牺牲的地方。柳直荀烈士的墓，离学校大门只有200多米。墓前大碑刻有毛泽东手书的《蝶恋花·答李淑一》。上课时，我将毛泽东的词《蝶恋花·答李淑一》插入了《天上的街市》的教学。

在《天上的街市》的教学中插入《蝶恋花·答李淑一》，既起到了烘托作用，又起到了对比作用：诗是诗人的诗，词是领袖的词；二者都有想象，前者想象星空，后者想象月宫；前者表现出浅吟低唱的韵味，后者显现出豪放雄浑的风格；前者表达了对美好理想生活的向往，后者抒发了对为理想而献身的先烈的怀念。它们融合在一起，让同学们在诗词的学习中体味了音乐美，品析了图画美，感受了情感美，同时也加深了对生活的理解特别是对幸福生活不是凭空而来的理解。在这特殊的环境中，这样的教学非常富有感染力。

那一天，我的感觉真好：我终于走上了讲台。

迄今为止，我已经在全国各地讲授几百节公开课了。

2009年11月18日，星期三，下午，广东省东莞市东华中学，我讲了我的第100个公开课——《陈太丘与友期》。

这100个课，是我从近51岁到近63岁之间进行的智慧的创造。它们基本上覆盖了各种文体，分布在从小学到高中的不同版本的语文教材之中。除了阅读课，还有作文课、单元小结课、中考复习指导课、读报课等不同的课型。

当我把这100个课的课题打印出来时，它们从先到后依次排列，像是逶迤的山路，像是壮美的飞瀑，又像是一路奔流的长河。

这100个课，是我在人生中最富有经验的年龄段，是在本职工作负担最为沉重的时候进行的充满激情的创造。这是一个曾经的中学语文教研员为勇敢地走上讲台而进行的坚持不懈充满力量的奋战。这种创造与奋战，在我退休以前，几乎全部是利用业余时间进行的。教学资料的整合，教学方案的设计，无一例外的公开教学，让我经受了极其痛苦的磨炼。

一位中学语文教研员，12年的时间，在全国各地成功地展示了自己的100个课，何其难也，但我做到了。

有意思的是，在我将近60岁的时候，研究语文教学风格的学者和教授根据教学成果产生的先后或者说教学影响产生的先后，将我划分到了所谓的"新生代"之中。因为"出道"太迟，他们淡化了我的年龄。于是又给了我非同一般的自信。

11. 体验成长的乐趣

人生的乐趣有很多种，当教师的乐趣也有很多种，"成长"就是其中的一种。

《中学语文教学》2008年第5期上王富仁先生的论文《教师主体论》中，就谈到了这个问题：

> 教育的本质就在教师与学生的结合形式中，就在将教师与学生结合起来的精神纽带中。那么，是什么将孔子和苏格拉底与他们的学生结合在一起的呢？当孔子谈到自己的时候，反复强调的只有两点：其一是"为之不厌"，其二便是"诲人不倦"，并且说在这个过程中，自己感到很幸福，"发愤忘食，乐以忘忧，不知老之将至"。显而易见，孔子是一个在自己的社会环境中通过自己的学习和努力得到了更加迅速成长的人，同时也是一个在精神上更加充分地体验到人的成长乐趣的人。

说得多好啊！两次谈到孔子的"成长"，作者让我们知道了评价孔子的新角度——孔子是一个"充分地体验到人的成长乐趣的人"。

联想到我们自己，是否也体验到人的成长乐趣呢？

我们常常说的是学生成长的乐趣，在给学生拟定的作文题中，一定有一个是：成长的乐趣。但我们很少展开自己"成长的乐趣"的话题，极少写成长的乐趣的文章，好像成长的乐趣与教师、与我们这个职业没有多少关联。

其实"成长"不是孩子们的专利，"成长"不是有着严格年龄界限的概念。就专业能力的发展来讲，就思想品质的进步来讲，就个人修养的提升来讲，我们每个人应该说一直都在成长，从青年到步入中年、老年，我们都可以谦逊地说：我正在成长中！

成长的乐趣也能够长久地伴随着我们，让我们体验，让我们享受。

让《论语》所说的美德在自己身上闪光——安贫乐道，博古通今，舍己为人，循循善诱，言传身教，身体力行，见贤思齐，文质彬彬：修身是一种乐趣。

为了自己教得好而学而不厌，为了学生学得好而诲人不倦，为了提高自己而发愤忘食，为了备教改辅而精益求精：执着是一种乐趣。

在事业的陶冶中，从稚嫩走向老练，从实习教师走向教学骨干，从初出茅庐到教艺精湛：成熟是一种乐趣。

我们把时间献给了工作，把青春献给了学生，把精力献给了学校，把智慧献给了事业，把自豪献给了自己：付出是一种乐趣。

"有朋自远方来，不亦乐乎"，"三人行，必有我师焉"，以文会友，侃侃而谈，无所不至：交友是一种乐趣。

中考成绩特别好，语文组的科研成果在学校名列前茅，自己的论文发表在期刊上，压力很大仍然能够挺住：欣慰是一种乐趣。

一年四季都在辛劳之中，与一批又一批的毕业生说再见，两鬓飞霜的时就能桃李满天下：回首是一种乐趣。

晨起是一种乐趣，晚归是一种乐趣；反思是一种乐趣，惊喜是一种乐趣；受到欢迎是一种乐趣，得到表彰是一种乐趣；接受问候是一种乐趣，悟到真谛是一种乐趣……

有这一份教师的工作，就有成长中的乐趣。

当教师的人如果能常常体验到成长的乐趣，那就会有年轻的心，会有童心，会有诗心，会有信心，会有热爱生活、热爱事业之心。

于是，就有了人生中最好的心情——快乐之心。

12. 因为工作，所以幸福

一

有工作，是很幸福的一件事。

幸福的原因很简单：因为有工作，因为工作着。

有工作而且有幸福感的人，就会珍视、珍爱自己的工作，就会做好自己的工作。

二

我对本职工作的态度是：尽心尽力。

可以用瞻前顾后、苦心孤诣、全力以赴、始终如一这些词语来形容。

对工作的这种态度来源于我对工作的幸福感。

幸福感是努力工作的重要动力之一。

三

对于工作，我力争做得更好。

我知道，很多时候自己是不可能做得最好的，但向"更好"努力一定没有错。

有一年，我支教到贵州去讲课。贵州的教研员同人后来这样评价我：

> 在一天的时间里，余老师亲自执教四节示范课，课后是一个长达三个多小时的关于课堂教学艺术的学术报告。余映潮老师为了"给予"而"超越极限"，我们从中得到的不仅仅是知识和能力，更是一

种精神，一种无私无畏的人格魅力。

像这样努力做得更好的例子，在我的职业生涯中，俯拾皆是。

四

对于工作，我力求造福于人。

我的工作内容之中，有一项就是坚持几十年培养青年语文教师，着力于课堂教学艺术研究小组等五支教研队伍的建设。工作之中，有对年轻教师的教学艺术指导和教学业务的全心辅导，有对青年教师读书与论文写作的严格要求；我从不保留地将自己的研究心得介绍给青年教师，我将非常多的年轻教师推向赛场，推向报纸杂志；我用自己的劳累，换来了一批又一批年轻人的进步。

所以退休之时，我能问心无愧地说：我卓有成效的中学语文教研工作改变了很多人的命运。

五

对于工作，我追求卓有创意。

如荆州市初中语文第二届说课交流会，我的创意是：针对北京《中学语文教学》上的栏目来说课；让选手的说课稿，同时也能被刊物的栏目采用。

我在文件中这样要求：

1. 每位选手必须通读《中学语文教学》2004 年 1~8 期的两个重点栏目《课堂聚焦》和《备课平台》。

2. 每位选手必须写两篇说课稿：一篇是《课堂聚焦》中的"精彩定格"即教学精彩片断，一篇是《备课平台》中的"创意无限"即某篇课文的教学创意。

果然，这次说课的稿件中有十几篇被《中学语文教学》选中刊发。杂志主编史有为老师说：针对一家刊物的栏目组织学术会议，全国只有余映潮一个人想到这样做。

是的，在开展富有创意的工作方面：精神与智慧缺一不可，耐心与细致缺一不可，精细构想与步步为营缺一不可，提升别人与发展自己缺一不可。

六

对于工作，我用自己的发展来保证质量。

发展自己，一要提高自己的工作水平，二要优化自己的工作精神。

在我主持的荆州市初中语文所有的教学研讨会上，我都必须进行与每次会议主题有关的长篇学术讲座。在这一点上，决不偷懒，决不懈怠，决不敷衍，决不指望他人的力量。我在荆州市所有的教学讲座积攒起来，形成了我的专著《余映潮阅读教学艺术50讲》的雏形。

工作精神与工作水平就是这样在坚持中磨炼出来的。没有这样的工作精神，就没有这样的工作水平。

13. 研究名师，发展自己

中学语文界的名师，是中学语文教学的"前沿"。研究名师的意义之一在于感受学术界的前沿，感受本学科教学理念、教学观点、教学研究、教学实验、教学艺术的前沿。

人们说，从师要"高"，名师就是"高师"。研究、学习他们的教学思想、教学风格、教学经验，"站在巨人的肩膀上"，可以让我们少走很多摸着石头过河的路，少走很多羊肠小路，少走很多走进去又退回来的路。所以，就提高教师素质来说，名师研究确实是很有效益的研究。

我曾坚持数年，研究过中学语文界非常多的名师。在《"名师研究"法》这篇文章中，我这样写道：

> 很多年前，我不仅有研究胡明道老师的专题目录卡片，还有于漪、钱梦龙、魏书生、宁鸿彬的专题目录卡片，还有对张建华、章熊、黎见明、洪镇涛、徐振维、陈钟梁、蔡澄清、陆继椿、鲁宝元等名师的研究纪录。特别是上世纪80年代上海的一批名师，可以说是被我"尽收眼底"，即使是上海本地的老师也没有像我这样研究过他们。在我的读书卡片上至今还有他们的名字：沈蘅仲、何以聪、鲍志伸、周其敏、陈亚仁、戴德英、卢元、钱蓉芬、俞达珍、何念慈、潘鸿新、方仁工、吴侃、陆军、火观民、梁康华、金志浩、杨墨秋、邵愈强、朱乾坤、过传忠、冯志贤、董金明、居志良……在我的心目中，这是何等雄奇壮丽的队伍啊；在我的心目中，这是何等才华横溢的队伍啊！

"名师研究"不是"名师模仿"。那样做仅仅只能学到一点点"艺"。名师研究贵在长久，贵在深入，贵在品味，贵在提炼。

在研究中，如下角度与方法都是可行的：

观摩，观摩名师的现场教学或教学录像。

收集，收集某位或某些名师的各类作品，进行阅读与探究。

收藏，收藏名师特别经典的论述或案例，以作长时间的揣摩、感悟、品味。

评点，评点名师的教例。

摘抄，摘抄名师的名言、精彩的教学片段，缩写著名案例的主体内容。

跟踪，对某位名师进行长时间的跟踪研究，多角度地感受其教学思想与教学特色。

评说，对名师的教学模式、教学观点以及课例进行评论或批评。

提炼，提炼名师的教学特色、教学风格，以及他们的教学技艺之中的精华。

综述，从宏观的角度对名师的思想体系、教学体系、教学风格进行评介。

比较，或从纵向或从横向对名师群体进行比较研究。

……

如果你想学到真本领，想成为真名师，如果你立志超越名师，你就得在研究名师这条路上走一走。苦心孤诣，扎实深入，乐此不疲。

我研究名师的方法主要是：收集、综述、评点。

我研究名师的理念是：广泛研究，多方吸纳，整合提炼，发展自己。

我坚持得最好的地方是尽可能多地形成书面文字的研究心得，这样做不仅仅是从理性上提高自己，更重要的是让自己提炼出一些"真东西"。

我超越名师的最出乎人们预料的突破口就是在论文和课例上：大量地撰写实用性的教学论文，用大量的课例支撑我的教学设计艺术的观点。

用"大量"来表现"力量"，这或许是奋斗之路上的一条警示语。

14. 不离学术，不离实践

"不离学术，不离实践"，是我赠给一位教研员同人的话。

普通教育的教学业务部门中，有一支人数众多的队伍，那就是由各个级别、各个学科的教学研究人员组成的"教研员"队伍。其工作的特点是一年四季事务繁忙。所以，很多的时候给人以劳累的感觉，很多的时候给人以时光飞逝而一事无成的感觉。因此，从事业有成的角度来看，"不离学术，不离实践"这八个字就显得非常重要。

不离学术：无论多忙，都要坚持本学科的理论学习与学术研究，以提高自己的水平，指导自己的工作，优化自己的工作。

不离实践：无论多累，都要在本学科学术理论的指导下组织好教学研究活动，组织好青年教师的业务培训活动，坚持要求自己读读课文，进进课堂，写写文章，作作讲座。

将"不离学术，不离实践"这八个字与教研员工作的基本要求联系起来，那就是：发展自我，带动大家。

在这个方面我坚持得比较好。

我自豪的是，在学术上我是和当地青年语文教师一起成长的。我更加自豪的是，很少有人像我这样很努力地用非常特别的艺术手法培养青年教师。我将教研工作的重点放在课堂教学艺术研究上。将培养、提高年轻语文教师的课堂教学水平和艺术作为教研工作的重中之重，一批批地培养着青年教师，20余年坚持不懈。

我的队伍组织得比较好。青年语文教师能在专门的学术活动中得到提升。每年的四月初都召开荆州市初中语文课堂教学艺术研讨会，那是青年语文教师的盛大"节日"。

我追求较高层次的教学指导。每次大型学术年会的总结性学术报告都很有分量。我的总结报告一般都是提前两三个月写好，它们主题鲜明，有着饱满的具有可操作性的学术信息。

我亲自说课，亲自讲课，有时送课下乡，有时与年轻老师一起在学术研讨会上讲课，有时将我的课作为某校教研活动的一个部分，有时用我的课来启发参加高层赛事选手的思维，有时还邀请县区的教研员一起到学校讲课。

我的评课艺术也让弟子们得到学术享受。我对课堂教学艺术的钻研与实践，对教材的比较深入的理解，能够让我在评点别人课例的同时延伸出我对这一课的教学设想，这是让弟子们感觉最有收获的地方。

我不辞辛劳地评改或者指导修改青年语文教师的教学论文和教案，然后将它们推向语文专业报刊。我这儿有不少的写作任务，我也会将这些任务分给一些青年教师，希望他们的成长路上多一道美好的风景。

所以我能够这样说：与很多有教学个性的名师相比，我所主持的教学研究在很大程度上是由教师群体进行的。名师表现的基本上是个人风采，而我却有一个教师的群体来表现教学教研的风采。

这样，在学术上，在实践上，我的工作就有了一点儿特色。而教研员工作最难做到的，就是形成特色。谁的教研工作形成了特色，谁就是创新了工作，谁就是真正的学科带头人。真正的学科带头人，他就应当做到"不离学术，不离实践"。

15. 自己训练自己

自己训练自己，是最好的学习方法之一。

自己训练自己，是最有主动权的训练途径之一。

自己训练自己，是最能够确立目标并坚持进行的训练方式之一。

所谓自己训练自己，就是在工作中、教学中、科研中自己要求自己对某项技能进行反复的练习，以提升自己的教学水平与研究水平，增加自己的教学与科研的实力。

自己训练自己，是长期可以进行的事情，是经常可以进行的事情，是每天都可以进行的事情。

自己训练自己，是可以在备课中、教学中、作业批改中、教研活动中……进行的事情。

自己训练自己，更是可以在业余时间里、在个人独处的环境中进行的。

我经常在家中大声地练习朗诵，一句又一句，一遍又一遍。于是我终于可以在上课的时候用我的声音来感染学生，哪怕我的课中没有音乐，没有专家的配乐朗诵。

我经常在有条件的时候练习粉笔字，起笔与收笔，一笔一画。于是我可以在黑板上写很大很大的字，让所有的学生都能感受到其中的技巧与力量。

我把任何一次听课与评课都与"自我训练"联系起来，我把它们都视为对我的挑战与考验。于是我终于可以在最高的难度上评课：给讲课的老师谈课文，评说他或她的讲课，并提出新的教学方案与建议。

我把任何一次对青年教师的业务培训都当作是对自己的业务训练。在荆州，在青岛，在广东，在内蒙古，在武汉……当我对青年语文教师进行"说课"训练时，我都用高难度的"即席评点"作为对自己的考验与训练。

2011年3月7日，我新建了一个名为"余映潮的杰作"的文件夹。

这一天，在东莞塘厦镇"余映潮工作室"的活动中，我听了17位小学语文教师说课。他们所说课文的篇目和教学设计，我事先并没有刻意去了解。我要追求一种即席、现场评说的评课高度。每位教师的说课进行完毕，我的评点立即跟上。评说他们的"说课"，并不只是简单的肯定或否定。每一个评课，我都要给说课的教师分析课文，斟酌教法，提出建议。每一个评课，我都进行了录音。

评课的时间长达两个半小时，所有的评课都是即席进行的。这就是对自己的严格训练。我训练自己不说重复的话，不说啰唆的话，不说语流不畅的话，不说带有"嗯""啊""这个这个"等语言毛病的话。

我把每一次备课都作为对自己的严格训练。决不敷衍，决不偷懒。于是我可以讲《狼》的八种方案，可以讲《说"屏"》的四种方案，可以进行《水调歌头·明月几时有》的一课两讲，可以自己与自己进行《孤独之旅》的同课异构。

我训练自己讲小学的语文课，讲初中的语文课，讲高中的语文课。

我训练自己使用人教版的教材、苏教版的教材、语文版的教材、北师大版的教材……

我训练自己讲阅读课，训练自己讲作文课，也训练自己讲复习课，还训练自己讲读报课。

我训练自己给教师开讲座，也训练自己给学生开讲座。

……

坚持自己对自己的训练，就是自设艰苦的环境；坚持自己对自己的训练，就是磨炼自己。磨炼的深度与广度，决定你的高度。在业务上追求高度的人，就是奋斗方向正确的人。

16. 人多的地方没有积雪

很喜欢冰心的一首小诗：

成功的花，
人们只惊慕她现时的明艳！
然而当初她的芽儿，
浸透了奋斗的泪泉，
洒遍了牺牲的血雨。

这是一首励志的小诗，奋斗的泪泉，牺牲的血雨，突现了奋斗中的艰难。

乔叶有一篇很短的美文：《人多的地方没有积雪》。很多年前，在中考命题中我用过这篇文章，对它印象深刻，也很喜欢这篇文章。它告诉了我们生活的哲理，同样有励志的作用。文中说：

……
一天，正在雪地里慢慢地走着，忽然惊奇地发现：人多的地方没有积雪。
……

而在堆满积雪的地方，雪蓬松松地卧着，平静中似乎又包含着不知名的危机。谁知道这雪下面会藏着什么呢？或许会是扎肉的钉子，或许会是崴足的石头，或许会是木疙瘩支出的磕绊，或许就是玷污了鞋子的垃圾。于是就都不去走，越不去走的人就越少。到后来，积雪越堆越厚，就堆成了路两边神秘的疑阵和隐匿的危机。

于是，人多的地方就没有积雪。就多了顺畅，多了安心，多了恬静，多了平俗。多了摩肩接踵随波逐流一生无波的路人。——也于是，另外一些地方就多了不动声色的积雪，就多了尝试，多了摔跤，多了伤痛，多了冒险，也多了挖掘丰盛创意、感受奇美的舞者。

人多的地方没有积雪。但更多的人还是喜欢往没有积雪的地方去走。所以，看到别人从积雪中找出那些你想象不到的宝贝的时候，不要抱怨命运不给自己成功的机会。你难道没发现么？那些人的双靴都已经被雪水润透了，而你的双靴却是那么的光洁干爽，没有一点儿历史。

特别喜欢"人多的地方没有积雪"这一句。当积雪被人们践踏为结实的地面时，上面再也无法留下足迹，连原来曾经有过的脚印也销声匿迹。但，积雪的地方永远存在，只要你愿意去远方寻觅。多年来，我常常是一个孤独的行者，走在深深的积雪中，在深不可测的雪地里蜗行，摸索。

没有人踩踏过的雪原展现出纯美的境界。深深的、美丽的积雪下面掩藏着的是神秘。在没有尽头的雪野中前行，需要细细地甄别方向。长时间地跋涉着，要忍耐可怕的寂寞。"穷冬烈风，大雪深数尺"的恶劣环境里，要随时在心中鼓励自己。在皑皑的白雪中留下一串深深浅浅的足迹，无论如何，都是一次奋斗。永远地走下去，就是永远的奋斗。

许多年过去了，我在雪地上书写了阅读教学的三要素：诵读、品析、积累。许多年过去了，我从雪被下淘漉出阅读教学设计30字诀：思路明晰单纯，提问精粹实在，品读细腻深入，学生活动充分，课堂积累丰富。许多年过去了，我在雪原里开掘出阅读教学的设计理念：重文本，重朗读，重品析，重学法，重积累。许多年又过去了，我终于从银色的世界里挖掘出10个晶莹的大字：板块式，主问题，诗意手法。

人多的地方没有积雪，多么美妙的哲理啊！愿世界上有更多的深深积雪的地方，于是也就："多了尝试，多了摔跤，多了伤痛，多了冒险，也多了挖掘丰盛创意、感受奇美的舞者。"

17. 随时把思想所得变成文字

  随时把自己的思想所得变成文字，是一种有效的充满智慧的学习方法与良好习惯。这种优秀的学习方法与良好习惯非常有助于我们的积累，特别是能够让我们留住那些转瞬即逝的思想火花。

  我们在研读教材的时候，会在某一个点上有自己的创见；在听课的时候，往往会产生一种"我想这样上"的冲动；在与人交流、交谈的时候，觉得突然得到了一种启迪；在参读资料的时候，觉得自己的看法更加新颖起来；在独立思考的时候，脑海中的想法也许会一个接着一个地涌现；在洗脸、做饭、上卫生间的时候，在清晨起床的瞬间，常常会有思想的火花迸发……这些都是"思想所得"。

  思想所得，如果表现为"物质"，一定是精华。但它并不能呈现出"物质"的形态，于是，留住这些精华的手段就是文字。及时地把自己的思想所得变成文字，其实是把最有价值的知识、见解、设想、创意等留存了下来，这里面有两种最宝贵的东西，一是学问，二是创意。

  我有不少的"文件"，就是专门用来"随时把自己的思想所得变成文字"的。我的体会是，"随记"是在做学问，"随记"也能做学问。如：记下一篇课文教学的开讲语设想，记下一个美妙的阅读教学或者作文教学的创意，记下关于某篇课文教学的一次提问设想，记下自己忽然想到要写的一篇文章的标题或者它的开头，记下对某种教学手法或者教学现象的一个命名，记下与真切的体会或者反思有关的只言片语，记下听学术讲座时、听现场教学时、阅读专业杂志时激发出的有意义的想法，等等。

  这里面，最重要的随记是自己脑海里瞬间闪现出来的好东西。我将这样的一些"随记"称之为"思想火花研究法"。这种思想火花有时会是一种美妙的教学创意。如，一个巧妙的抒情式的教学设想：

  课题：我眼中的《中国石拱桥》

教学板块之一：在我的眼中，它的结构是那样的……
教学板块之二：在我的眼中，它的段落是那样的……
教学板块之三：在我的眼中，它的句群是那样的……

这种思想火花有时是一种闪光的理念。如，关于阅读教学艺术的"五句话"：

一个基本原则：突出语言教学这个灵魂；两条成熟经验：学生活动充分，课堂积累丰富；三条基本要求：尽可能"实"地研读教材，尽可能"活"地研读教材，尽可能"巧"地研读教材；四个教学的关注点：抓好朗读教学，抓好品读教学，抓好技能训练，抓好语言学用；五种基本的教学手法：朗读，说读，写读，穿插，讲析。

这种思想火花有时会是一种智慧的工作思路。如，青年语文教师教学语言的三步训练：第一步，简洁的语言表达；第二步，准确的语言表达；第三步，生动的语言表达。

这种火花有时会是一个讲稿或一个专项研究的创意，如，语文教师的实用学法、专业杂志阅读、专业书籍研习、专业活动记录、专题研究整理。

这种思想火花有时会是一种精要的素材记录。如，余映潮阅读教学中的"对话艺术"素材备忘：对话最有优化作用、最为灵动的是《假如生活欺骗了你》，对话最有诗意的是《我愿意是急流》，对话最为精深的是《雪》，讲析最有文学性的是《邹忌讽齐王纳谏》中的繁简虚实，欣赏性对话最出色的是《近体诗二首》中的诗联赏析的部分。……

这种思想火花有时是一种工作思考。如，关于青年语文教师的发展——向名师奋斗的年轻老师的五个"永远要想到"：永远要想到提高自己的教学技艺，永远要想到自己怎样进行高效课堂教学，永远要想到自己应该如何给学生以最好的学科知识教育，永远要想到如何形成自己的终身受用的大型资料库，永远要想到进行小型的课题研究。

又如，关于语文教师的业务水平的提升——语文教师到老都一直要研究与实践的10个问题：中学语文阅读与写作教学的基本任务研究、教材的研读与教材处理的深化研究、让你的学生享受最好的学科教育的研究、教学设计的基本思路与教学细节设计研究、语文课堂教学技术与艺术研究、语文现象的提炼与利用研究、作文指导训练序列研究、中考读写测评研究、语文教师的学科教学资料积累研究、如何进行"小专题"研究。

这种思想火花有时就是一种奇思妙想。比如有这样一节课——起始，开课揭题，直入情境；初读，快速扫描，整体把握；理解，淡化提问，话语纷纭；朗读，小步轻迈，步步落实；点拨，预作铺垫，化难为易；体味，巧设趣点，求知求乐；学用，句段写作，积累丰富；交流，精美评点，倾情对话；讲析，精要讲析，点拨指导；结束，生动收束，余味犹存。

随记，随记，这样的事看似无意，其实有心。一个用心的人，如果善于及时捕捉自己可爱的思想火花，久而久之，创造的热情就会燃烧在他的事业之中。于是，渐写渐多，渐行渐深。学问与成果，在等待着有这样良好素养的人。

18. 一定要有指标要求

在奋斗的道路上，读书做事写文章，一定要有指标要求。

就我的经验来说，这一点至关重要。唯此才能逼着自己向前走。也可以说，没有指标要求的奋斗不能确保"进度"，不能确保"质量"。

忙碌中的青年教师，要想较好地发展自己，多少都应该给自己提一点指标要求。要奋斗而没有指标要求，可能坚持不长久，也可能发展的质量不会很好。

给自己提出某个方面的指标要求，其实是为难自己。有不少的名师，突破不了讲课的数量，就是很好的说明。但是，从严格要求、督促自己发展来讲，有志气的教师必须给自己提出指标要求。这种要求不受"没有时间"的限制，不受"事务太多"的限制，不受"心情不好"的限制。提出来了，就得硬着头皮、咬紧牙关去实现。

我任教研员工作期间，历来的工作要求就是九个字：抓队伍，抓活动，抓成果。这九个字里面，每处都有指标要求。对于自己的发展，我的指标要求也是硬性的。我在磨炼自己的多项内容上都有指标要求，对论文写作的要求尤其明确。20多年来，年年都有规划，甚至于月月都有规划。即使是退休以后，"指标"二字依然闪耀在我的案头。

下面是2010年暑假期间记录的工作片段：

2010年7月1日起到9月10日止，我大约有50天在家里没有外出。

50天中，没有一天休息过，没有一天停下手中的笔，没有一天不让我的思维饱受折磨。哪怕天气万分炎热，哪怕身边家事繁杂。

奋力地创作，思想的火花不时地飞扬，由一个话题想到另一个话题。艰难地备课，一次又一次地否定美好的创意，然后得到更加美丽的创意。50天，我有了近30项的"完成"：

完成长篇论文《什么叫做懂得语文教学》，5600多字

完成长篇论文《创新语文教师的课文研读方法》，4300多字

完成长篇论文《阅读教学诗意手法略说》，5300多字

完成长篇论文《例谈阅读教学的规范设计》，4600多字

完成长篇论文《几种非常实用有效的阅读训练形式》，4700多字

完成长篇论文《"说课"漫说》，4700多字

完成长篇论文《我的阅读课怎样开讲》，5000多字

完成长篇论文《高考语文"语用类概括题"浅识》，8000多字

完成长篇论文《全国（Ⅰ、Ⅱ）卷高考语文"语用型概括题"赏析》，6000多字

完成长篇论文《语文乐学8法》，7600多字

完成长篇论文《谈谈谈谈对中考现代文阅读命题几个弱点的观察》，5000多字

完成《制定成长规划的意义和方法》，2500多字

完成《2010年中考说明文阅读好题》，12000多字

完成给弟子李光烈的"人物"稿写的"师说"文字，1500多字

……

当2011年的6月来到我面前的时候，我又写下了以下计划：

2011年6~8月余映潮的重要工作：

01 备好《读报课》并出席第八届语文报杯课堂教学大赛。

02 准备7月中旬到南昌的关于"板块式教学思路"的讲座稿。

03 准备8月1日参加昆明讲学活动的课与讲座稿。

04 准备8月2日北京中国教师网关于《"角度"的美妙》的讲座稿。

05 给河南《教育时报》写关于"说明文教学"的稿件5~8篇。

06 给《语文世界》写关于"映潮说课"的稿件5篇以上。

07 准备下学期到泉州小学语文同课异构活动的两个新课。

08 准备下学期余映潮工作室和讲学用的小学语文的两个新课。

09 备好下学期要讲的初中语文的两个新课。

10 有时间的话准备一节"高中语文必修"的阅读课。

11 完成轻工业出版社大约15万字的书稿《余映潮的教学主张》。

12　完成 2012 年《语文教学通讯》的"教学细节的设计艺术"稿件 8 篇。

13　筹划 2011 年下半年五处"余映潮工作室"的具体工作安排。

14　策划 2012 年给湖北大学《中学语文》的写稿计划。

15　写 8 篇"历练生命"方面的随笔，使这个随笔系列的文章达到 40 篇。

16　其他应急的工作……

像这样的指标要求，像这样的计划，给人的感觉是，跨出的每一步都很艰难。只能说，坚持吧；只能说，耐心地坚持吧；只能说，不要着急，坚持吧。没有理由不去做，因为指标是自己定下的。辛苦了自己，也锻炼了、发展了自己。坚强毅力与学术水平，能够在这样的磨炼中获得"双丰收"。

2012 年 1 月 18 日，我在《纪念我的公开课讲到了第 150 个》中这样写道：

> 2010 年 1 月到 2012 年 1 月，两年的时间里，我在全国各地讲了 50 个新课。加上原来所讲的 100 个课，现在，我的公开课已经讲到第 150 个。每一课都是真的。每一课都讲求创意。每一课都要体现自己的设计理念。每一课都无法事先进行试教。每一课都要保证首讲成功。每一课都不会定型，每一课都会修改。每一课都要求能够到乡村学校里去讲。每一课的每一分钟都要直面无数审视的眼睛。每一课都立足于即使学生不预习也能上。每一课都要求做到关注知识积累、关注能力训练。每一课都衍生出丰富的教学资料。每一课都融入了我非常多的时间。每一课都沁入了我无数次的琢磨。每一课都令人牵肠挂肚。每一课都让人寝食难安。每一课都疲倦着我的双眼。每一课都催生着我的白发。十分辛苦，非常艰难。不仅仅只是讲课，还要撰写大量的文章，还要准备大型的讲座稿。如古人所说："正入万山圈子里，一山放过一山拦。"此中的苦、累和紧张，只有自己才深深知道。

一定要有指标要求，必须要有"数量"的要求，这是教师谋求发展的关键因素之一。

19. 教学资料与文献意识

我们将教学中用作教学参考、训练设计或者用于教师教研水平提高的信息材料称为教学资料。

教学资料一般分为两类。一类具有实用性的特点，如教师教学用书、中高考资料等教辅资料；一类具有学术性、文献性的特点，如教学论文、教学论著、专业刊物等。

从中学语文教师的角度看，最需要重视的学术文献资料也主要有两类。一类是与日常教学教改教研有关的前沿信息资料，它们告诉我们，别人是如何做的、为什么要这样做；一类是与课堂读写教学密切相关的论文论著资料，它们告诉我们，如何好好做，如何做更好。

它们能够给我们的最好的东西，就是"智慧"。

在课改的背景下，教学不仅仅只是对表现形式、教学角度、活动内容等各个方面进行改革，更在提高教师的文献意识和资料占有方面提出了新的标准。教材编写体例的改变、教材中课文的丰富性、选修课的设置、研究性学习要求的提出等，都对教师提升个体素养、对教师的学术资料阅读提出了很高的要求。

然而就"教学资料"的占有而言，教学界有一种现象耐人寻味：普遍地看，中老年教师与年轻教师的学术文献资料的占有量，基本上是一样的。这就让我们深思：这些中老年教师在他们的教学经历中，为什么缺乏学术文献资料的积累？这种现象同样让我们深思：现在的年轻教师，若干年之后，在文献资料的积累上会不会也是两手空空？

"教学资料"四个字，因为人们的熟视无睹而成为教学研究特别是教师学习方法研究中的冷门，甚至于几近空白。在经年累月的中学语文专业报刊中，极少看到关于教师与教学资料之关系的研究论文；在无数的教学论文中，很少看到有关运用学术资料进行科学研究的叙述。

而我认为，拥有和不断拥有一定数量的与中学语文教学有关的学术文献资料，是语文教师业务进修与素养提升的第一策略。

没有任何观摩学习、培训进修能够像它们一样长久地陪伴着我们，没有任何名师能够像它们那样深厚博大，没有任何一个个人有它们那样的永在发展更新中的智慧。

语文教师特别是年轻的语文教师，怎样做到让自己拥有一定的可用的学术资料的积累呢？

从教学工作和专业发展的角度说，一位中学语文教师如果能够长期坚持在教学资料积累方面做到下面内容的十之三四就是很了不起的了：

长期订有一两份中学语文专业杂志，长期订有一两份能够提升自己文学修养的杂志，长期订有一两份中学生学语文的报纸或刊物，有自己所订阅的专业报刊的精要内容的查询目录索引，有当今国内语文名师的重要教学专著，有课标规定阅读的古今中外名著及指导性书籍，有与选修课教学有关的各种参读资料，有系统详细的中学生作文指导资料，有自己收藏的教学札记、备课参考、教学实录、创新设计等。

其中最重要、最实在的，是长期拥有自己喜爱的专业杂志。

如果一位教师能够自觉地重视教学文献资料的积累与运用，那么就可以说这位教师有一定的学术意识，有一定的文献意识，有自己的学习方法，有自己的资料仓库。这样的教师就是善于学习、能够让自己持续发展的教师。

从一生的教学事业来讲，拥有大量的专业的学术文献资料，是教师特别是年轻教师的立身之术。从一定的意义上来讲，这就是在做学问。

美好的境界是，当我们的教学青春逐渐消逝时，我们的学问却日渐丰厚。

20. 规划自己，塑造自己

"规划自己，塑造自己"这八个字，既与"立志成才"有关，又与"修身养性"有关。

规划自己，主要指切实地想一想自己应该做些什么事，可能会达到什么样的一个境界；塑造自己，主要指怎样在日常生活中让自己变得成熟起来、优秀起来。

"规划自己"应该是有长安排和短计划的，而"塑造自己"则没有时间阶段的划分。在"规划自己，塑造自己"之间，还可以加上一个"勉励自己"。在事业上，在做人上，我更多的是注重塑造自己。如我的一些"警语"：

> 事业的构思就像散文的构思：托物，蓄势，开掘。
> 多研究自己，定期"盘点"自己。
> 我是我的秘书，我是我的钟点工。
> 心情靠自己调适。
> 修炼性格。
> 从容淡静，心境平和。
> 少计较外界，多要求自己。

如我的"性情"观，包括两个方面的内容。一个是"善良"。善良，就是待人要好。"善良"二字，言短意长，意境深远。关爱他人，心系弱者，在自己的群体之中尽心尽力，帮助他人不求回报，对别人给予的帮助总是心存感激，常被身边的凡人小事所感动，善解人意不作苛求，面对误解或责难一笑了之……这一切都是善良的品性，有善良品性的人是有意境的人，生活总是在他的眼中和心中微笑。

另一个是"乐观"。可以说，我的生活中，从年轻到年老所遇到的不顺之事，非一般人所能忍受。面对这一切，我的处事方法都是轻轻地叹上一口气，然后将烦恼像蛛丝一样轻轻地拂去。从这个角度来讲，我在大家面前总是一个快乐的人。

正是由于这种心境，我才能够在艰苦的环境中做好自己的事情。几十年过去了，我还是这样快乐与健康。于是我做了很多的事，如我退休时对自己的一番"盘点"：

我之最

最好的性格是淡看几十年中的挫折、烦恼与屈辱。

最艰苦最有新意的创作是写出了一个又一个大型的论文系列。

最勇敢果决的是50岁以后开始学讲课。

最倾心最投入的是钻研实用的中学语文教学艺术。

最细心严谨的是中考语文命题20余年没有出错一个题。

最有特色的是我坚持多年的抓好五支队伍的教研工作模式。

最欣慰的是我卓有成效的中学语文教研工作改变了很多人的命运。

最自豪的是我几十年独力支持，将一个以农村为主的地区的初中语文教学研究工作做得有声有色。

最实在的贡献是用我自己的大量课例生动地诠释了中学语文教学大纲和新课标的教学理念。

最受鼓舞的是张定远先生评价我的几句话："他在三个方面可以堪称一流，即一流的教研工作，一流的论文写作，一流的教学艺术。"

当然，我也还有远景的规划：

我的畅想（2007—2017年）

精细研读100篇课文并积累大量的助读资料。

研读与中学语文教师业务进修有关的论著100部。

阅读中学语文专业杂志1000本并积累有关专题的索引目录。

发表教学论文100篇以上（含教学设计）。

出版个人专著两到三本。

演示的课例在目前的基础上达到80个（起码讲到70篇课文）。

作100场学术报告。

朗读录音100篇课文。

"语文潮"网上教学设计艺术微型讲座100个。

"语文潮"网上"映潮评课"达到100个。

在个人的成长与奋斗上，在自己的业务素质与专业水平的发展上，我是非常注重规划与小结的人，我成长中的每一步基本上都离不开自我规划。

我觉得，个人成长中注重"规划"，对于一个奋斗着的人的意义主要在于：

1. 让你有着比较明确的奋斗目标。如"做一个受学生欢迎与尊敬的好教师"，就是很好的目标，如"做一个课堂艺术研究的能手与专家"，就是极明确的奋斗方向。一位教师，有自己的奋斗目标，就是"志存高远"，就有了奋斗的憧憬。几十年前，我的奋斗目标就是"让课堂教学的艺术走进千万个普通语文教师的课堂"，这个奋斗目标，让我一直坚持奋斗到现在。

2. 让你表现出清醒的智慧的思想方法。做人或做事，思想方法至关重要，思想方法永远高于一般的工作方法。而规划自己的过程，就是审视自己的过程，就是提炼自己的过程，就是设法优化自己的过程。比如说"苦做之中要有巧做"就是一种思想方法，"突出重点细节到位"就是一种思想方法，"坚持创新形成特色"就是一种思想方法。有了正确的方法就有了正确的方向，就知道自己应该如何去多做，如何去做好。

3. 让你能够趁着年轻多做事。一方面，一个年龄渐长的人，固然可以奋斗、再奋斗，但毕竟不及年轻时的那种精神风貌。另一方面，"年轻"也是一个相对的概念，但总是早点规划自己为好。趁着年轻多做事，就是突现了"时间"这个要素。一个人的奋斗，没有了时间的支撑，那就什么都没有了，抓住了时间就等于充分发挥了"精力"的价值，更加有利于自己成长，更加有利于教育事业，更加有利于造福学生。

那么，作为一名有理想有追求的教师，应该如何规划自己的远景呢？

我想，如下几个方面的内容不可忽视：

1. 将自己的发展规划落实于本职的工作上，一定要在教学实践、教学研究中发展自己，提升自己；发展自己要立足于工作，立足于职业。

2. 要有发展自己的"着眼点"，几年、十几年、几十年都向着自己力所能及的一两个重要目标奋进。

3. 一定要有短期目标，一定要有指标要求。就我的经验来说，这一点至关重要。唯此才能逼着自己向前走。也可以说，没有指标要求的奋斗不能确保"进度"，不能确保"质量"。

如 2012 年 6 月至 9 月在"论文写作"方面我的规划：

> 将《语文教学通讯》2013 年的 10 篇"名师讲坛"系列文章写完。
> 将《中学语文教学》2013 年上半年的 6 篇"微型讲座"系列稿写完。
> 将《语文周报》"试题评说"的 8 篇文章全部写完并发出邮件。
> 将湖北大学《中学语文》2013 年的 8 篇文章写完。

像这样的规划，我没有一次不是全部完成的；每天必须写，每天做一点，每天都有一点收获，每天都有一点进步，每天都充满向往地坚定地追求着远方的硕果。

我想，年年岁岁，波澜起伏，生活复杂而又艰难，我们不能离开从容地坚守的精神境界，我们需要用平静、乐观、潇洒、坚韧、踏实来滋润我们的生活。

第二辑 / 教学智慧

做智慧的语文教师，需要熟谙课堂教学艺术。

教学的创新设计，表现出来的是教师的水平与魅力。在学生的语文教育上，我们必须从战略的高度来重视教师教学素养的提升。

课堂教学艺术的高层次境界是"学生活动充分，课堂积累丰富"；课堂教学的创新与创意表现在：板块式，主问题，诗意手法，一课多案；教学的创新设计要关注五个字的要求：新，简，实，活，雅；课堂教学艺术研究的着力点是：优化教材处理，强化能力训练，简化教学思路，细化课中活动，美化教学手段，诗化教学语言。

愿优美、创新、实用的教学设计走进每一位语文教师的课堂。

21. 教学理念的创新

语文教学，必须追求有效、高效。在这种追求之中落实对学生的教育与教学，提升学生的综合素养，为学生学好其他课程打下基础，为学生形成正确的世界观、人生观、价值观，形成良好个性和健全人格打下基础，为学生的全面发展和终身发展打下基础。

因此语文教师需要正确理念的支撑；理念的作用就是科学指导，就是正确要求，就是警示与规范。教学理念的创新，简而言之，表现在两句话上：学生活动充分，课堂积累丰富。也就是说，我们在课堂教学中要达到有效教学、高效教学的境界。

什么是"学生活动充分"？"活动"二字，指的是课堂教学中学生的实践活动。"活动充分"，说的是课堂阅读教学中，学生应当进行充分的学习实践活动。这四个字对教师而言，好说而不好做。但不好做，也得去做。

在评说课标背景下的课堂教学改革的时候，我们如果不论及学生语文实践活动的设计与创新，那基本上就没有什么意义，那就不知道少了多大的分量。

2011年版《义务教育语文课程标准》的划时代的意义，就是对语文课程进行了定位：

> 语文课程是一门学习语言文字运用的综合性、实践性课程。义务教育阶段的语文课程，应使学生初步学会运用祖国语言文字进行交流沟通，吸收古今中外优秀文化，提高思想文化修养，促进自身精神成长。工具性与人文性的统一，是语文课程的基本特点。

此中的关键词，一是学习语言文字运用，一是综合性与实践性。

在这份《义务教育语文课程标准》中，"实践"一词出现了20次。在《普通高中语文课程标准（试验稿）》中，"实践"一词出现了24次。频率之高，次数之多，表现出一种超乎寻常的强调，突现着学生"实践"活动的重要。

义务教育阶段和高中阶段的课标中还有两句话值得品味：

    1. 应该让学生多读多写，日积月累，在大量的语文实践中体会、把握运用语文的规律。

    2. 应该让学生在广泛的语文实践中学语文、用语文，逐步掌握运用语言文字的规律。

两句话的"眼"分别是"大量"和"广泛"。让学生在大量、广泛的语文实践活动中逐步掌握运用语文的规律，是课标的核心理念之一。它点出来的是语文教学改革具有本质性的特点，是大方向。因此，在课堂教学方面，从理念到手法，从教案的整体设计到细节的精心安排，从课堂上师生之间的关系到课堂教学结构，都必须而且应该发生根本性的变化——组织与开展属于学生的大量语文实践活动。这就是所谓"学生活动充分"。

"学生活动充分"，指的是在教师的指导下，学生在充分占有时间的前提下进行的学习语言、习得技巧、发展能力、训练思维的学习实践活动。

"学生活动充分"，是语文课堂教学的高层次境界。这种境界能够表现出教师教学理念的时尚，同时又需要教师适应新的教学形式来形成熟练的教学技艺。

设计与组织语文课堂学习实践活动，有两个关键词非常重要。一是"种类"，一是"层次"。

学生实践活动的"种类"要多。要让学生在不同的实践活动中学到不同的知识，形成不同的能力。如：活动时间较长的层次清晰的朗读活动，独立进行的积累资料处理信息的阅读分析活动，思考比较充分阅读比较深入的品析活动，目标较为明确话题比较集中的课堂交流活动，用成"块"的时间来进行想象、探究或创造的活动以及学生独立进行的长时间的读写活动等，都是可以合理地进行设计与组织的。

学生实践活动的"层次"要高。例如，学习资料的收集、整理与分析，课与课之间的多角度比读，长篇课文的信息提取，课文阅读中的话题论证，课文学习中的美点欣赏，从课文中学作文，文体写作规律的发现与提炼，等等，都是具有一定能力层次与思维层次的实践活动。值得指出的是，目前，实践活动"层次"不高是教学中的普遍现象。为数不少的阅读课中，学生的活动基本上只是"找"：找到与教师提问有关的内容并将它们表述出来。类似这样的活动，因为没有多少思考的成分、欣赏的成分和探究的成分，在学生阅读分析能力和思维能力的训练上就显得"浅易"，就欠缺应有的深度与力度。

另外，"学生活动充分"也讲究形式的雅致、丰富与灵动。那种将学生的课堂实践活动永远机械单一地设计为"小组合作"学习和讨论的形式，那种单调与僵化到连"小组"活动的人数都永远不变，甚至让学生永远对视而坐的做法无疑是平俗与粗糙的。

什么是"课堂积累丰富"？含义很好懂，指的是学生在课堂学习中，应该有丰富的积累。

"积累"二字，事关重大。

义务教育阶段和高中阶段的语文课程标准中共有约 30 次直接提到"积累"一词。其中关于语言积累的说法也多次出现。如义务教育阶段的语文课标要求教学中应"丰富语言的积累，培养语感，发展思维"，高中阶段的力度更大一些："语文教学要注重语言的积累、感悟和运用"，"应该继续关注学生的语言积累以及语感和思维的发展"，"积累优秀散文中的名言佳句，提高自己的传统文化和文学素养，增强语言表达能力"……

那么，什么是语文教育中的"积累"呢？

广义的解释是，从显性和隐性的角度，在语言储存、能力培养、方法养成、情感熏陶、思维培养等方面对学生进行科学而切实的训练，丰厚学生的语文素养。

狭义的解释是，增加学生的语言储存，丰厚学生的语言基础，提高学生的语文素养。

在 2011 年版《义务教育语文课程标准》中，我们还可以在更高层面的意义上看到对"积累"二字的反复强调。

> 语文课程应激发和培育学生热爱祖国语文的思想感情，引导学生丰富语言积累，培养语感，发展思维，初步掌握学习语文的基本方法，养成良好的学习习惯……

> 语文课程的建设应继承我国语文教育的优良传统，注重读书、积累和感悟，注重整体把握和熏陶感染；同时应密切关注现代社会发展

的需要。

　　语文课程应注重引导学生多读书、多积累，重视语言文字运用的实践，在实践中领悟文化内涵和语文应用规律。

　　诵读古代诗词，阅读浅易文言文，能借助注释和工具书理解基本内容。注重积累、感悟和运用，提高自己的欣赏品位。

　　具有独立阅读的能力，学会运用多种阅读方法。有较为丰富的积累和良好的语感，注重情感体验，发展感受和理解的能力。

　　语文教学要注重语言的积累、感悟和运用，注重基本技能训练，让学生打好扎实的语文基础。

　　应该让学生多读多写，日积月累，在大量的语文实践中体会、把握运用语文的规律。

　　……

这样的不厌其烦，这样的强调力度，表现在课标之中，给我们以深刻的警示与提醒：中学语文教学要非常关注学生的积累。不注重积累的语文教学，首先是不符合语文的课程标准的。

　　把这种"积累"转化为语文教育教学的行为，让学生在每一节课中都有丰厚的收获，就是"课堂积累丰富"。学生的这种收获与积累不仅仅只是语言的、知识的，还应该有方法的、情感的和思维的。

　　说到"课堂积累丰富"，还需要提及学生的语言积累问题。

　　在语文教育中，不注重语言积累，学生的语文仓库就会贫瘠，学生的语言泉流就会干涸。充足的语言积累，有利于每个学生的一生。

　　所谓语言积累，就是运用活泼的形式，让学生在课文学习中习得更多更美的语言，它包括字与词，更重要的是成块成段成篇的语言材料的读背识记，它们是语言运用的坚实基础。

　　所谓语言积累，就是在教学中运用科学的方法，在学生习得语言的同时，学会积累语言的方法，学会品味、揣摩、感悟和欣赏优美、精彩的语言。

　　可以这样说，凡是在充分的实践活动中对学生的思维训练到位的课，凡是在课堂教学中指导学生进行了丰富的语言学习的课，都可以说是达到了"课堂积累丰富"的境界，都可以称之为高效率的课堂阅读教学。

"学生活动充分，课堂积累丰富"与语文教师的素养有重要关系，也与语文教师的课堂教学技能有重要关系。

"学生活动充分，课堂积累丰富"的教学境界是在课堂上实现的。它需要广大语文教师有过硬的语文教学技术。从专业的角度看，教师的职业首先强调的是技术即教学技术。所谓教师的教学素养，从教学业务的角度看，不外乎学问与技术。正是因为学问与技术的原因，从事教学的人才被尊称为教师或老师。

可以说，目前普遍存在的课堂教学效率低下的主要原因，不是理念问题，而是教师的教学技术即教学水平问题。淡化教学技术，不提倡教学技术，教学技术不熟练、不精湛，是危害语文课堂教学的重要因素。

那么，什么是教学技术呢？

教师的一切与日常课堂教学有关的操作技能都是教学技术。如：教师自主研读教材、研读课文的技术，独立设计与实施阅读教学的技术，独立设计与实施作文教学的技术，日常教学中组织课堂活动的技术，试题分析以及试题编拟的技术，指导学生高效备考的技术，积累教学资料并对教学资料进行提炼的技术，立足于自身发展的学习技术，教学论文的写作技术以及作为语文教师最基本的教学素质而体现出来的基础技术，如书法、普通话、朗读、提问、课堂评点和教学语言的表达等。

就课堂教学而言，此中的核心技术有三项：教材研读的技术，教学设计的技术，课堂实用的技术。

教材研读的技术确保教师深刻丰富地领悟教材内容，提取、整合优异的课文教学资源，从而优化课堂教学内容，提高课堂教学质量。

教学设计的技术确保着课堂教学中的学生活动充分、课中积累丰富。善于教学设计的教师能够在简化教学头绪的同时优化教学内容，在有限的教学时间之内扩展教学的空间。

课堂实用的技术确保着教师个人在课堂上的教学尊严。一手好字与一口好话是教师教学形象的展示，这种形象一定从某种层面上影响着学生学习语文的心情。

仅从以上三项内容来看，提高广大教师的教学技术是一个非常艰苦的任务。举例来说，大多数教师缺乏教学内容的提炼与整合的技术；国内举行过无数次的教学大赛，但即使是高层次的竞赛，也看不到有几位教师能够把汉字写得令人赞赏。

很难想象，如果一位语文老师连研读教材、设计教学和课堂实用的技术都不过关，他的课堂教学会达到"学生活动充分，课堂积累丰富"的境界。很难设想，对学生的素质教育不需要或者少需要教师丰富的学问和过硬的技术。所以，教师个人要有自觉的自我训练意识。有了这种自我训练的意识，并在日常教学工作中有意地在"技术"的层面上训练与磨炼自己，于学生于教学于自己都是百利而无一害的事。

非常值得我们关注的是，2011年版新课标以史无前例的力度，对教师的教学素养提出了很高的要求：

> 教师应确立适应社会发展和学生需求的语文教育观念，注重吸收新知识，不断提高自身的综合素养。应认真钻研教材，正确理解、把握教材内容，创造性地使用教材；积极开发、合理利用课程资源，灵活运用多种教学策略和现代教育技术，努力探索网络环境下新的教学方式；精心设计和组织教学活动，重视启发式、讨论式教学，启迪学生智慧，提高语文教学质量。

这一段话，就是理念。只有以这样先进的理念来形成规范，语文教师的教学素养才可能厚实，"学生活动充分，课堂积累丰富"的理想境界才有实现的可能。

22. 教材研读的创新

课文阅读教学设计所表现出来的教学效率，在很大程度上取决于教师的教材研读。我们可以从多个角度来看教师的教材研读。

1. 从课文研读的意义看

课文是精选的语言现象，深入细致的课文研读，是一切阅读教学设计的开端。

中学语文教材，是文质兼美的精选的语言精品，是美丽而博大的知识海洋，蕴藏着无数的知识宝藏。

课文研读，就是品析、欣赏课文；课文研读，是语文教师最基础、最常用、最必需的学习技法；课文研读，伴随着语文教师的一生。课文研读的领悟程度，影响着教学设计的质量。只有确有心得的课文阅读才能成就好课。

2. 从语文教师研读课文的方法看

阅读教学要做的最基础、最细腻的工作，就是科学而又艺术地分析教材。教师的任务，就是把教材读"厚"，把教材教"薄"。

理想的境界是，教师对于教材，有如下"五读"的能力：细读教材的能力，精读教材的能力，深读教材的能力，活读教材的能力，美读教材的能力。

课文的阅读应该是一种别出心裁的阅读，可以运用文本拆分法、妙点揣摩法、探究发现法、反复评点法、资料助读法、论文写作法等方法深化我们的课文研读。

课文研读不仅仅是一种技术，更是一种艺术。从常规的视角去分析课文，从一般备课的角度去理解课文，都不大会有比较精致的结果。教师的课文研读必须是个性化的、有创意的，否则发现不了"真金"。

课文研读要深究一个"内"字，即着力于课文的内容去进行研读。读《我的叔叔于勒》，你可以用课文内容印证非常多的"文学知识"：主要人物、次要人物；情节，细节；背景，场景；正面描写，侧面描写；语言描写，动作描写；神情描写，心理描写；波澜，巧合；虚实，抑扬；伏笔、照应；详写，略写；顺叙，插叙……多层次、多角度地指导学生的阅读。

课文研读要勾联一个"外"字，即课文可以给你牵连出很多课文之外的知识。研读《行路难》，你得去弄清楚什么是乐府诗、乐府古题、典故、映衬、警句、炼字、炼句、诗眼……以备拓宽学生的知识视野。

3. 从教师研读教材的一般要求看

课文研读是语文教师的第一功夫。语文教师的这种功夫，表现在能够读出课文的味道。语文教师必须精读语文教材。可以说，如果没有教师的精读，则一定没有精彩的教读，没有生动的课堂交流。也可以说，有了教师的精读，才可能有精彩的教读，才可能为精彩的课堂教学奠定良好的基础。

如果能确有心得地进行课文的"精读"，教师对教学的内容便有"登泰山而小天下"的感觉，在教学上便能深入浅出、进退自如、游刃有余。

教师要精心地、潜心地、耐心地研读教材，欣赏课文，发现其中精美的读写训练材料，以用于有读有写的课堂教学。

教师要从"有趣，有用，有效"的角度去对课文进行发现，从而让读写活动的内容更加有趣、有味、有效。

为此，教师对教材、课文必须进行艰苦的阅读，在这个问题上，没有"妥协"的余地。

4. 从教师研读教材的特别要求看

第一，要求教师清晰、深入地了解课文所蕴含的教学信息，了解课文所承担的教化、积累和训练功能，从而择其精要进行教学。

第二，因为教学的需要，教师应该着力研究三个方面的内容：如何在课堂教学中引领学生进行课文研读；如何立体地利用课文进行高效的课堂教学；如何突出课文阅读教学的重点内容，对学生进行切实的语言训练。

第三，教师要在教材研读的过程中考虑对课文训练价值的利用：一是让学生读懂课文内容，知道课文为何而写，呈何结构，有何主旨，这是最基本的教学层面；二是在教学课文的同时渗透知识教学，注重学生的知识"积累"；三是在课文教学中既教课文，又"用课文教"，即利用课文对学生进行能力训练，这是比较理想的教学层面。最好的做法是，以能力训练为抓手，在课文教学中既指导学生读懂课文，又渗透一定的知识教学。

5. 从教材研读方法创新的可行性看

从日常教学的需求来讲，并不需要每一位语文教师都去实践上述多种多样、别出心裁的课文研读方法。但从教师教学业务素质的角度讲，每一位语文教师都有创新自己课文研读方法的义务。

创新课文研读的方法，能够激发教师的思维，焕发教师的精神，熟练教师阅读课文的技巧，提高教师研读课文的水平。

一切的课文研读首先都服务于教学设计，归根结底还是为了提高课堂教学的质量、为了给学生更加优质的语文教育，语文教师没有理由不对课文研读的方式进行创新。

下面的一些课文研读的方法，是一线的语文教师可以尝试、运用的：从课文研读中发现课文的教学教育价值；从"为什么好"的角度整体地反复品读文本；从研究教学处理的角度研读课文；从思考学生能力训练的角度研读课文；从读写结合训练的角度揣摩课文内容；从文章结构欣赏的角度精细地分析课文；对课文进行"选点品读"，进行"选点深读"；用"课文联读"的方式，从横向联系的角度采撷多篇课文中的美好；用小论文写作的方式带动课文研读；对课文的语言表达进行"专题研读"；用评点的方式读课文……

下面我们来欣赏几种实用有效的创新的课文研读方法。

第一种："分解"与"组合"的方法。这种手法强调对课文进行"分解"，然后用同类相聚的方式进行组合，从而发现精致的、有效的教学内容。

如"《苏州园林》语言与思维训练卡片"，就是以"说明的技巧与艺术"为分类标准，专门提取课文中的有关材料，并进行美妙而实在的"命名"。

比喻式地说	排比式地说
苏州各个园林在不同之中有个共同点，似乎设计者和匠师们一致追求的是：务必使游览者无论站在哪个点上，眼前总是一幅完美的图画。	为了达到这个目的，他们讲究亭台轩榭的布局，讲究假山池沼的配合，讲究花草树木的映衬，讲究近景远景的层次。

比较式地说
我国的建筑，从古代的宫殿到近代的一般住房，绝大部分是对称的，左边怎么样，右边也怎么样。苏州园林可绝不讲究对称，好像故意避免似的。

评价式地说
假山的堆叠，可以说是一项艺术而不仅是技术。或者是重峦叠嶂，或者是几座小山配合着竹子花木，全在乎设计者和匠师们生平多阅历，胸中有丘壑，才能使游览者攀登的时候忘却苏州城市，只觉得身在山间。

议论式地说
没有修剪得像宝塔那样的松柏，没有阅兵式似的道旁树；因为依据中国画的审美观点看，这是不足取的。

描绘式地说
阶砌旁边栽几丛书带草。墙上蔓延着爬山虎或者蔷薇木香。如果开窗正对着白色墙壁，太单调了，给补上几竿竹子或几棵芭蕉。

阐释式地说
墙壁上有砖砌的各式镂空图案，廊子大多是两边无所依傍的，实际是隔而不隔，界而未界，因而更增加了景致的深度。

举例式地说
水面假如成河道模样，往往安排桥梁。假如安排两座以上的桥梁，那就一座一个样，决不雷同。

赞美式地说
苏州园林里的门和窗，图案设计和雕镂琢磨功夫都是工艺美术的上品。大致说来，那些门和窗尽量工细而决不庸俗，即使简朴而别具匠心。

烘托式地说
摄影家挺喜欢这些门和窗，他们斟酌着光和影，摄成称心满意的照片。

有了像这样的课文研读的收获，何愁课文阅读教学没有充分的活动和丰富的积累！

第二种："课文集美"的方法。这种方法用选句的方式，着眼于"聚集"课文中最精美的内容，形成新的教学资源，有利于学生课堂积累以及课中活动的开展。如课文《静默草原》的"课文集美"，创造了全新的意境与意味：

草原速写

草原上，都是一样的风景：辽远而苍茫。

天，如穹庐一样笼罩大地。土地宽厚仁慈，起伏无际。草就是海水，极单纯，在连绵不断中显示壮阔。

脚下的草儿纷纷簇立，一直延伸到远方与天际接壤。这颜色无疑是绿，但在阳光与起伏之中，又幻化出锡白、翡翠般的深碧或空气中的淡蓝。

草原不可看，只可感受。

辽阔

站在草原上，你勉力前眺，或回头向后眺望，都是一样的风景：辽远而苍茫。

脚下的草儿纷纷簇立，一直延伸到远方与天际接壤。这颜色无疑是绿，但在阳光与起伏之中，又幻化出锡白、翡翠般的深碧或空气中的淡蓝。

和海一样，草原在单一中呈现丰富。草就是海水，极单纯，在连绵不断中显示壮阔。

草原没有边际，它的每一点都是草原的中心。

天，如穹庐一样笼罩大地。土地宽厚仁慈，起伏无际。

置身于这样阔大无边的环境中，凝立冥想，你会觉得人竟然如此渺小与微不足道。

第三种："变形阅读"的方法。这种方法巧妙地利用课文结构形态的变化来透彻地分析其层次、内容、技法的奥妙，同时能形成有趣的课堂训练活动。如《答谢中书书》的"变形阅读"。

原形：

答谢中书书

陶弘景

山川之美，古来共谈。高峰入云，清流见底。两岸石壁，五色交辉。青林翠竹，四时俱备；晓雾将歇，猿鸟乱鸣。夕日欲颓，沉鳞竞跃。实是欲界之仙都，自康乐以来，未复有能与其奇者。

变形之一：

　　山川之美，古来共谈。

　　高峰入云，清流见底。两岸石壁，五色交辉。青林翠竹，四时俱备。晓雾将歇，猿鸟乱鸣。夕日欲颓，沉鳞竞跃。

　　实是欲界之仙都。自康乐以来，未复有能与其奇者。

变形之二：

　　山川之美，古来共谈。

　　高峰入云，清流见底。

　　两岸石壁，五色交辉；青林翠竹，四时俱备。

　　晓雾将歇，猿鸟乱鸣；夕日欲颓，沉鳞竞跃。

　　实是欲界之仙都。自康乐以来，未复有能与其奇者。

变形之三：

　　山川之美，古来共谈。

　　高峰入云，清流见底。两岸石壁，五色交辉。青林翠竹，四时俱备。

　　晓雾将歇，猿鸟乱鸣。夕日欲颓，沉鳞竞跃。

　　实是欲界之仙都。自康乐以来，未复有能与其奇者。

变形之四：

　　山川之美，古来共谈。

　　高峰入云，清流见底。

　　两岸石壁，五色交辉。

　　青林翠竹，四时俱备。

　　晓雾将歇，猿鸟乱鸣。

　　夕日欲颓，沉鳞竞跃。

　　实是欲界之仙都。自康乐以来，未复有能与其奇者。

　　这样的"变形阅读"，如果从课堂活动的角度看，既便于进行朗读训练，又可以用"趣教"的方式训练学生的阅读分析能力。

　　第四种："价值分析"的方法。这种方法专门分析、提炼课文的教育

教学价值,在精深理解课文的基础上,便于教师撷取、组合精致的教学内容。如下文的"价值分析":

赫耳墨斯和雕像者

赫耳墨斯想知道他在人间受到多大的尊重,就化作凡人,来到一个雕像者的店里。他看见宙斯的雕像,问道:"值多少钱?"雕像者说:"一个银元。"赫耳墨斯又笑着问道:"赫拉的雕像值多少钱?"雕像者说:"还要贵一点。"后来,赫耳墨斯看见自己的雕像,心想他身为神使,又是商人的庇护神,人们对他会更尊重些,于是问道:"这个值多少钱?"雕像者回答说:"假如你买了那两个,这个算饶头,白送。"

这个故事适用于那些爱慕虚荣而不被人重视的人。

这篇短文有15个方面的教育教学价值可供我们利用:

1. 层次划分
2. 重新拟制课文标题
3. 概说故事内容
4. 梳理、归结故事的情节脉络
5. 概括文章主旨
6. 用成语评价人物形象
7. 对表现课文信息的关键词语进行提取
8. 用朗读表达作品的意味
9. 想象、续写故事情节的进一步发展
10. 体味课文的表现手法
11. 语言赏析特别是对"笑"字的品析
12. 对文中"三问三答"的表达作用的赏析
13. 赫耳墨斯心理分析
14. 故事中的"潜台词"
15. 对课文的更深寓意的品味

第五种:"资料助读"的方法。此法能开阔教师的眼界,加深教师的认识,增加课文研读的学术的味道,非常有助于提升教师与学生的对话质量。如《边城》的"意象"资料集锦:

"渡船"与"碾坊"是一对贯穿全篇的意象。"渡船"可以说是湘西苗族传统文化的标志性意象，它代表了一种古朴、淳厚，虽因窘却安乐、自由、浪漫的生活方式。老船夫是这个苗族古老传统的象征。……而"碾坊"作为茶峒的一个新生事物给这个重义轻利、守信自约的小城带来了不小的冲击。"碾坊"代表的是一种富足却庸俗的生活方式，而"碾坊陪嫁"作为苗族文化传统的一种异质，是汉人对苗人、城市对湘西边城进行物质和文化渗透的象征。

[摘自 2007 年第 3 期《中学语文园地（高中）》 李素华《边城》意象浅析]

"马路"指代的是茶峒年轻人婚姻恋爱自由、"唱歌相熟"的风俗传统，这是与"渡船"所代表的安乐、浪漫、自由的生活方式相对应的婚俗习惯。……而"车路"则更注重男女双方家长的意见，以及彩礼、陪嫁等与之相关的利的方面的因素，这是与"碾坊"所代表的虽富足却庸俗的生活方式相对应的婚俗习惯。

[摘自 2007 年第 3 期《中学语文园地（高中）》 李素华《边城》意象浅析]

笼罩在"端午节"、"鱼"、"虎耳草"等意象群的氤氲中，翠翠逐渐显示出女性的敏感和多情。但小说最能体现女主人公性爱意识的当然还要算"鱼"意象。《边城》中"鱼"意象是最值得称道的。小说提到"鱼吃人"、"鱼咬人"的地方就多达十三处，出现在三个端午节的七个场面中。很显然，《边城》里的鱼都是男性的象征。翠翠对"鱼"意象所蕴涵的性爱意识，是在二佬傩送、老船夫、和二佬家的伙计等人的不断暗示下，在翠翠自己反复的咀嚼和品味中产生的。

[摘自 2003 年第 1 期《文学评论》 张永《论沈从文情爱小说的民间意象》]

《边城》中"死亡"意象则是作家成熟的理性思考。小说成功之处在于把作为性爱意象的"水"艺术化为道德沉沦的"洪水"意象。众多的"死亡"便是"洪水"泛滥的结果。天佑在与翠翠的情爱隔阻中遭遇"洪水"死亡的悲剧表现出不同价值观念的矛盾冲突。……此时作家对外来文化巨大的冲击力和破坏性有着相当清醒的认识。人性异化的死亡悲剧必然引发"多米诺骨牌"效应：老船夫的死亡、渡船的消失、"白塔"的坍塌。众多"死亡"意象的重叠意味着湘西文化的神性失落。

[摘自2003年第1期《文学评论》 张永《论沈从文情爱小说的民间意象》]

白塔则是小说中又一重要象征。……在《边城》小说中，是以塔来隐喻老船夫的，尤其是象征老船夫的精神境界的。老船夫道德本真，行为古朴，他在摆渡送人，同时也在撒播宽厚待人的美德种子。翠翠在白塔下的菜园里玩耍，在塔的阴凉里睡觉，在白塔下生长，也是有象征意义，意即沉浸在老船夫的呵护之下，感染着老船夫的道德情操，深受古朴风习与善良人性的浸染。白塔与茶峒风水有关系，老船夫就是边城道德风水的符号，他标志着边城最美好的人生形式。老船夫生前活在白塔下，死后也埋在了白塔旁，白塔成了他的最终归宿。

[摘自2005年第6期《名作欣赏》 施军《"美丽总令人忧愁"》]

……

第六种："课文短论"的方法。这种方法将教师研读教材的综合体会或点滴收获诉诸文字，于是在艰苦的沉思中有着精彩的沉淀。如下面的短文：

《背影》中的"嘱"

《背影》中的三次"嘱"，有着平中见奇之妙：

父亲因为事忙，本已说定不送我，叫旅馆里一个熟识的茶房陪我同去，他再三嘱咐茶房，甚是仔细。

但他终于讲定了价钱，说送我上车。……他嘱我路上小心，夜里要警醒些，不要受凉。又嘱托茶房好好照应我。

"嘱咐"有"叮嘱""吩咐"的意思。加上"再三""甚是仔细"的修饰，就表现出父亲对茶房叮嘱的遍数之多、内容之详、言辞之切。是一再要茶房记住该做什么，不该做什么，该怎么做，不该怎么做，把送行中应该注意的细微之处都提到了。一个"嘱咐"，写出了父亲为儿子的出门作了精细、周密的安排，真实地表现了父亲不送儿子又不放心的心情。

"嘱"含有"亲切地叮嘱"的意思。由于父亲改"不送"为"送"，所以对儿子有直接说话的机会，在"忙着"看行李、"忙着"讲价钱之后，又反复叮咛儿子一些应注意的生活小事。一个"嘱"字，一下子就表示出父亲说出了心里话，父亲的爱子之心、爱子之神情，跃然纸上。

"嘱托"有"嘱咐""拜托"之意。尽管父亲已嘱"我"，但他还嫌不够，还要托人办事；尽管父亲会比儿子更清楚茶房"他们只认得钱，托他们只是白托"，但父亲知而为之，正是爱子心切的表现。一个"嘱托"，把父亲的爱子之情，又写深了一步。

"嘱咐""嘱""嘱托"，千情万意一个"嘱"。正是由于有了这些传神传情的描写，父亲的形象因此愈显得丰满，如果仅仅只孤立地写父亲买橘子，恐怕文章不会有如此感人的力量。它们同描写父亲买橘子一样，在塑造父亲的形象、表达作者的感情上起到了重要作用。

……

研读教材的好方法多姿多彩，不可胜数，全在于教师"生平多阅历，胸中有丘壑"；我们还可以从句式研究、段式研究、章法研究、手法品析、读写结合探究、作者专题品析等各种角度创新我们的教材研读方法。

我们永远不要忘记：教材研读是语文教师的第一基本功。

23. 教学创意的创新

"创意"一词,《现代汉语词典》是这样解释的:有创造性的想法、构思等。

根据这种解释,我们试着来定义"教学创意":所谓"教学创意",就是充满新意的、有个性的、带有一定创造性的教学构想,就是准备实施教学的新点子、新角度、新思路、新方案、新策划。

如下面的简略文字中点示出来的"教学创意":

《马说》教学创意:进行"教学厚度"的尝试。

《满井游记》教学创意:创意之一——一课五读;教学创意之二——三读三写。

《茅屋为秋风所破歌》教学创意:懂内容,清结构,品人物。

《三峡》教学创意:朗读为线,画面欣赏,精巧过渡。

《童趣》教学创意:实践三个字的学习方法——说,练,背。

《陈太丘与友期》教学创意:文言文课文的"四读"活动。

《行路难》教学创意:欣赏美句,解读难句;资料穿插,微型讲座。

《杨修之死》教学创意:课文内容梳理,人物形象分析。

《与朱元思书》教学创意:体味吟诵过程,享受欣赏过程。

《岳阳楼记》教学创意:第一课时"平实教学",第二课时"生动教学"。

《邹忌讽齐王纳谏》教学创意:熟读、巧练、深思。

"教学创意"与"教学设计"是不同的概念。"教学创意"侧重于创新,侧重于构想,侧重于独特性,侧重于表现个性。而"教学设计"更多地表现为平实、翔实、厚实。或者可以这样说:"教学创意"是"教学设计"的先行。

创意,表现在教学设计上,体现出来的是教师的教学素养和教学智慧。从教师的备课工作来看,每一位语文教师每天都要构想,每一位语文教师都可以说是教学设计的发明家。不仅仅是整体的策划或者构想,语文教学的每一个细节都充满了创意,因此我们可以说,语文教学方案的构思,一定是"创意无限"。

教学创意的创新尤其要注意如下前提条件:

第一,一切的新点子、新思路、新方法,都必须服务于实实在在的课堂训练,少搞一些花架子。

第二,无论怎样创新,都不要离开"学生实践活动充分、学生课堂积累丰富"这个根本。

第三,要有得体的教学,要有得法的教学,不要因为"创新"而让教学的手法变得低幼化、游戏化。

那么,教学创意的出现与顺利实施,我们需要有哪些"讲究"呢?

1. 教学创意讲究"新"

"新"字主要体现在"角度"二字之上。因为"角度"好,"角度"与众不同,便有了个性,于是就叫作"创意"。如我教《中国石拱桥》第一课时用了别人都没有用过的话题:

话题:说说《中国石拱桥》的表达特点——全文构思严密,极有层次的布局

教师点示同学们思考问题的角度:

(1) 分析1、2两段与其后6个段落的关系
(2) 分析9、10两段与其前面6个段落的关系
(3) 分析"赵州桥"与"卢沟桥"的位置关系
(4) 分析写"赵州桥"的两个段之间的关系
(5) 分析写"卢沟桥"的三个段之间的关系

同学们自读、探究、交流之后教师的课中小结:分析一篇说明文的结构,其思维方式就是三个字——看关系。看全文结构的总分关系,看主体部分的先后关系,看文章段落的位置关系。

这样的教学创意为什么说它新?它新在虽无提问,但学生必须对课文进行反复的揣摩与咀嚼,将自己思维的触角深入到课文的每一段;它新在高效率的阅读,在围绕一个话题而进行的阅读品析中,同学们不仅仅只是读懂了课文,更重要的是得到了长时间的大运动量的思维训练;它新在学生活动充分,课堂积累丰富。

2. 教学创意讲究"简"

繁难的设想不好深入，艰深的设想不便展开，可能都不是好的创意。好的创意能够让人一眼看出它的好，于是它就可用、有用。创意离开了"有用"二字，用褒义词来评价，可能只是"畅想"。

我们说教学创意讲究"简"，并不是说教学的过程与内容很简单。这里的"简"，是简约而不简单，是教学的线条很简洁但教学的内容很深入，是教学活动的设计很单纯但学生活动的时间非常长，是学习要求比较简单但有效地激起了学生思维的火花。

如我在教学鲁迅先生的《雪》时，便用了如下的简洁创意：让我们用"课中比读"的方式，完成对课文的阅读感受。

话题：以"从……看，本文的前三段……，本文的后三段……"为话题，自选角度，如全文的内容、吟咏的事物、描绘的画面、写作的手法、语言的运用、表达的重点、情感的抒发等，用一两句话谈谈自己的阅读感受。

师生展开课堂交流：

（1）从课文表现的内容看

课文的前三段写江南的雪，后三段写朔方的雪。

前三段描写了优美的江南雪景，后三段描写了壮美的朔方飞雪。

前三段表现江南的雪恬静中的柔美，后三段表现朔方的雪孤独中的壮美。

前三段写江南雪野的妩媚美姿，后三段写朔方飞雪的磅礴气势。

前三段用"滋润美艳"四个字将江南雪的特质准确地概括出来，后三段用了"如粉，如沙"两个比喻便写尽了北方那干燥、纷飞的雪花的特质。

前三段中有场景描写，后三段中有情景描写。

（2）从作者的描写手法看

前三段着力于静态美的描绘，后三段重在动态美的描绘。

前三段多绘"色彩"，重在表现江南雪的静态；后三段多状"形态"，突出朔方雪的动感。

前三段不仅写景，也写景中活动，景中有人；后三段主要描写雪景。

前三段重在细笔描绘；后三段重在大笔勾勒。

前三段显温婉、细腻；后三段显粗犷、急促。

前三段由全景、近景、特写形成意境的层次与景深，后三段于宏阔背景中展现全景。

前三段起调平和，渐次欢快，如轻松优美的圆舞曲；后三段像激越壮美的交响乐。

前三段重在写景，后三段重在写意。

前三段由景到情，后三段由形到神。

前三段诗意盎然，细腻优美；后三段哲理深刻，意味深长。

前三段重在表达追求美好理想的心声，后三段蕴含反抗冷酷现实的斗争精神。

……

话题是简明单纯的，课中的研读活动又是非常充分的，这里体现出来的，是教学创意讲究"简"的真正含义。

3. 教学创意讲究"活"

所谓活，就是灵动，就是有变化，就是不局促不呆板，就是能针对不同的教学情况产生不同的教学创意。

如《说"屏"》教学第一个主要板块的创意，就是别人从来没有用过的"角度"：我用"假如没有这一段……"为话题，让大家结合课文内容参与讨论。

这个话题，能够将所有学生的注意力都引到课文之上，引到课文之内。任何一位学生都可以根据自己的理解来选择一段进行阐释，而对任何一个段的阐释都能够牵动对整篇文章的理解：

假如没有第一段，我们不会了解到本文的说明对象，不会对第一段的写法产生浓厚的兴趣；假如没有第二段，我们不能了解"屏"的作用；假如没有第三段，我们不知道"屏"的分类；假如没有第四段，我们不知道"屏"的用法……

在这样生动活跃的对话之中，同学们就很快捷、很深刻地理解了文中各段之间的关系，理解这篇课文严密的逻辑顺序。

再看《说"屏"》教学的另外一个"创意":读写结合,课文内容再表述。课堂教学思路是:

(1)要点式表述——请同学们提取这篇课文的要点,以整体了解课文内容。

(2)解说式表述——请同学们根据课文内容对课文要点进行解说,以进一步将学习过程深深地引入课文研读之中。

(3)提炼式表述——请同学们综合全文内容,简说什么是"屏",这是利用课文来训练学生的提炼与组合能力。

这样的角度也是人家从来没有用过的而又是可用可行的,它有很好的训练效果且是灵活的、变化的,于是它就是创新的。

4. 教学创意讲究"实"

实,实实在在、老老实实、踏踏实实地教语文、练能力,追求单位时间内的教学效果,追求让学生当堂真有收获、大有收获。

实,不见得就是一板一眼的处处落实的教学。"实"中有活,"实"中有趣,"实"中有雅,这才是美好的境界;"实"中有学生的充分活动,"实"中有学生的能力训练,"实"中有学生的课堂积累,这才是高效的教学。

下面是我对冰心《观舞记》的教学创意:语言积累,"范文"撷取,逐段品析,写作借鉴。

教学创意解说:

《观舞记》中有很好的词语、句式、段式和篇式,《观舞记》中有非常浓郁的情感抒发,是学读学写的极好范文。

第一步:知识板块的积累。(这一块重在指导学生进行语言积累。《观舞记》的教学中如果不进行语言积累教学,那就是对课文资源的实实在在的浪费。)

第二步:写作范文的撷取。(这一块重在从读写结合的角度来品析欣赏课文,充分发挥课文示例示范活动。)

教学创意实施:

第一步:"知识板块的积累"教学

请同学们根据老师的建议,就如下内容独立地对课文进行发现:

(1) 难写难读的生字

蹙蹙（cù）　粲（càn）然　嗔（chēn）视

叱咤（chì）（zhà）　解（xiè）数　雏（chú）凤

蠕（rú）动　星宿（xiù）

(2) 雅致的二字词语

静穆：安静肃穆。　粲然：笑容灿烂的样子。

解数：武术的招式。技能；本领。

惊鸿：惊飞的鸿雁，形容美人体态轻盈。

(3) 生动的四字短语

变幻多姿　本色当行　离合悲欢　叱咤风云

高视阔步　尽态极妍　息息相通　不可限量

(4) 精美的五字短语

……

(5) 抒情的排比句段

……

(6) 概括全文的话语

……

然后教师引导学生反复朗读课中美段。

第二步："写作范文的撷取"教学

请同学们根据老师的建议，一起寻找《观舞记》中的一篇微型《观舞记》。

同学们分小组活动，研读课文，各抒己见。师生一起，终于发现《观舞记》之中的微型《观舞记》：

观舞记

朋友，在一个难忘的夜晚——

帘幕慢慢地拉开，台中间小桌上供奉着一尊湿婆天的舞像，两旁是燃着的两盏高脚铜灯，舞台上的气氛是静穆庄严的。

卡拉玛·拉克希曼出来了。真是光艳地一闪！她向观众深深地低头合掌，抬起头来，她亮出她的秀丽的面庞和那能说出万千种话的一对长眉，一双眼睛。

她端凝地站立着。

笛子吹起，小鼓敲起，歌声唱起，卡拉玛开始舞蹈了。

她用她的长眉，妙目，手指，腰肢，用她鬘上的花朵，腰间的褶裙，用她细碎的舞步，繁响的铃声，轻云般慢移，旋风般疾转，舞蹈出诗句里的离合悲欢。

我们虽然不晓得故事的内容，但是我们的情感，却能随着她的动作，起了共鸣！我们看她忽而双眉颦蹙，表现出无限的哀愁；忽而笑颊粲然，表现出无边的喜乐；忽而侧身垂睫表现出低回婉转的娇羞；忽而张目嗔视，表现出叱咤风云的盛怒；忽而轻柔地点额抚臂，画眼描眉，表演着细腻妥帖的梳妆；忽而挺身屹立，按箭引弓，使人几乎听得见铮铮的弦响！

像湿婆天一样，在舞蹈的狂欢中，她忘怀了观众，也忘怀了自己。她只顾使出浑身解数，用她灵活熟练的四肢五官，来讲说着印度古代的优美的诗歌故事！

教师组织同学们赏析这篇微型《观舞记》。

这篇微型《观舞记》经过略略调整后，共有八个自然段。

（1）请同学们证明这篇微型《观舞记》是我们进行人物与场景描写的好范文。

同学们发言，教师与同学们对话交流：

第1段：是直接的但是很优美很简洁很有诗意的开头。

第2段：展示了富有动感的描写细腻的人物活动的背景。

第3段：在背景的衬托下人物出场了，极美的人物肖像描写，为人物展示舞蹈艺术作了渲染与铺垫。

第4段：写人物的站姿。这一笔非常重要，突现着人物的形象，从"静"的角度表现着场景与人物。

第5段：写音乐，写人物开始舞蹈，开始从"动"的角度进行描写，文章就是这样一步一步地缓缓写来的。

第6段：概括却又生动地描写人物的舞姿，字里行间流露出深深赞叹的情感。

第7段：用优美的段式、优美的句式、富有情感力度的语言描写人物，表达感受，这是微型《观舞记》中最精彩、最重要的段落。

第8段：赞美人物，收束"全文"。

教师小结：从写作来看，这篇"文章"具有烘托之美、详略之美、描写之美、抒情之美，是我们习作的一篇好范文。

（2）请同学们在老师的指导下，再一次地对这篇微型《观舞记》进行分析与欣赏。

话题：微型《观舞记》的内容美

同学们品读课文，表达自己的见解。

人物的背景美：静穆庄严的舞台背景，笛子吹起，小鼓敲起，歌声唱起……

人物的仪态美：她端凝地站立着；亮出她的秀丽的面庞和那能说出万千种话的一对长眉，一双眼睛。

人物的舞蹈美：她用她的长眉，妙目，手指，腰肢，用她髻上的花朵，腰间的褶裙，用她细碎的舞步，繁响的铃声，轻云般慢移，旋风般疾转，舞蹈出诗句里的离合悲欢。

人物的精神美：她忘怀了观众，也忘怀了自己。她只顾使出浑身解数，用她灵活熟练的四肢五官，来讲说着印度古代的优美的诗歌故事！

……

教师小结：我们师生一起，发现并欣赏了一篇在层层推进的精彩片段的描写中表现人物、赞美人物、以写人物的一个活动场景为主要内容的好范文。

说到教学创意的创新，需要强调的是：优秀教学创意的产生不指望、不追求灵机一动。

好的教学创意的产生需要三个方面的条件：一是教师对课文文本的精细研读和深刻体会。二是反复认真的思考、提炼、比较与修改。三是新的带有时代特点的教学理念的支撑和与课文教学有关的丰厚参考资料的支撑。

所以，在"教学创意"上多下工夫，对于教师特别是年轻教师业务能力的提高极有好处。

24. 教学思路的创新

思路，即思考问题的线索、脉络。它的涉及面很广。

就写作来说，叶圣陶先生曾有过这样的解释："思路，是个比喻的说法，把一番话一篇文章比作思想走的一条路。思想从什么地方出发，怎样一步一步往前走，最后达到这条路的终点。"

就阅读教学来说，用"思路"一词来概括对教学进行思考、安排的过程，也用它来分析已经完成的教学过程表现了一种怎样的思维走向。

于是，我们就常常说到"教学思路"。

教学思路，是指对课堂教学酝酿、设计的教学流程，即这节课从什么地方出发，怎样一步一步往前走。就像文章写作之前勾勒出的一个大致框架一样。可以这样说，教学思路就是教学的蓝图，它表现出来的就是教学的步骤、层次。

教学思路的安排对课堂教学具有重要的作用，人们常说的"教学既是科学又是艺术"就往往体现在这教学思路上。由于教学思路讲究教学过程的流畅之美、讲究教学内容的组合之美、讲究教学时空的造型之美、讲究教学双方的活动之美，所以不管是从"科学"还是从"艺术"的角度，人们都可以从"思路"上看到设计者的水平、风格和特色。

策划教学思路的基本要求就是清晰和简明。

清晰的教学思路能够表现出一节课或者一篇课文教学的步骤之美，能够表现出教师教学思维的顺畅，能够表现出教师在教材处理上思考的周全，能够表现出教师是如何安排学生的品读活动的，能够表现出在这样的教学中学生的活动究竟是否充分。但清晰的教学思路并不仅仅是指在教学中安排出了几个步骤，关键是看步与步、层与层之间的关系是否合理，是不是符合学生学习语文的规律。

简单明晰的教学思路既便于操作，又显现出教学的层次之美。但越是简明的思路越是难以设计，这是因为我们在众多的教学内容面前往往无所适从。其实教学之中恰恰忌讳教学步骤过于细碎。如果一个课时安排了七八个教学步骤，基本可以肯定，在绝大多数情况下，这节课中的多个教学环节都只能是蜻蜓点水、浅尝辄止。

为了教学内容的集中和教学过程的清晰与简明，我们可在"板块式思路"方面进行尝试与实践。

所谓"板块式思路"，就是在一节课或一篇课文的教学中，从不同的角度有序地安排几次呈块状分布的教学内容或教学活动，即教学的内容、教学的过程都是呈板块状分布排列。

它与一般的阅读教学思路的区别在于：一般的阅读教学思路是"线性"的，基本上是开讲，一个段一个段地分析，然后小结课文特点。而"板块式"思路是呈块状的。这种块状设计，主要着眼于学生的活动，着眼于能力的训练，以"板块"整合学习内容，形成教学流程，结构课堂教学。

请看几个"板块式"教学思路的设计。

课文《说"屏"》：选几个词读一读，选几个句子说一说，选一个精段品一品。这是从"学生活动和能力训练"的角度形成的"板块式"教学思路。

课文《行路难》：欣赏课文中的美句，解析课文中的难句。这是从"课文理解"的角度形成的"板块式"教学思路。

课文《泥人张》：概说课文，细品课文。这是从"教材处理"的角度形成的"板块式"教学思路。

课文《假如生活欺骗了你》：阅读欣赏《假如生活欺骗了你》，阅读欣赏《假如你欺骗了生活》，阅读欣赏《假如生活重新开头》。这是从"开发资源""课文联读"的角度形成的"板块式"教学思路。

课文《中国人失掉自信力了吗》：我们读懂了什么（自读课文），同学们还有哪些地方没有读懂（讲读课文）。这是从"师生关系"的角度形成的"板块式"教学思路。

课文《云南的歌会》：结构层次美在哪里？民风民俗美在哪里？描写片段美在哪里？这是从"主问题"设计的角度形成的"板块式"教学思路。

从以上教学思路设计中，我们可以感受到"板块式"思路比较明显的特点：

1. 简洁，实用，好用。教学过程清晰有序，能够十分有效地改善课堂教学中步骤杂乱、思绪不清的问题。

2. 课堂教学明晰地表现出"一块一块地来落实"的教学态势。"块"与"块"之间相互联系，互为依托，呈现出一种层进式的教学造型。

3. 由于每一个板块都着眼于解决教学内容的某一角度、某一侧面的问题，于是每个板块就是一种半独立的"小课"或者"微型课"，它要求教师精心地研读教材，优化、整合课文内容，提炼出可供教学的内容板块。

4. 由于"板块"二字的出现，教师就要考虑板块的切分与连缀，考虑板块之间的过渡与照应，考虑板块组合的科学性与艺术性。这就改变了常规的备课思路，有利于提高教师教学创意的水平。

5. 由于板块的有机划分，其中必然有让学生充分地占有时间、充分地进行活动的板块。也就是说，有些板块是明确地归属于学生的活动的，这就让学生成为学习的主体。

6. 教学过程中因为板块的清晰存在而容易协调教学节奏，能较顺利地展现课堂教学中教与学、疏与密、快与慢、动与静、轻与重的相互关系，使课堂教学波澜生动、抑扬合理、动静分明，教学的清晰性和生动性都能得到鲜明的表现。

7. 实际教学中，板块组合的形态、形式非常丰富，可以充分地表现教师设计教学时的技艺、创新意识与审美意识。由于"板块"内涵的本质内容是整合教学资料与安排课堂活动，所以它适用于各种文体或各种课型的教学。

8. 以鲜明的逻辑步骤形成清晰的教学层次，即由浅入深、由易到难、由知识到能力，显现出鲜明的分层推进的特点。

可以说，"板块式"思路所表现出来的外部特征是教学结构清晰，内部特征是教学内容优化。对于传统的教学思路而言，"板块式"思路是一种富有活力的创新，是一种很有魅力的突破，是一种具有实力的挑战。

教学思路设计的重要性可以用一句话来表述：如果没有教学思路的设计，课堂教学就是一片混沌。

"板块式"思路因为"简明"而可以成为大部分语文教师阅读教学设计的首选。其操作要领如下：

1. 从"思路清晰"的角度进行创新设计

"清晰"是教学思路设计的第一要求,是最基本的要求。即非常明晰地表现出这个课是怎样地在"一步一步地向前走"。教学步骤是有序的、层进的,是经过精心勾勒的,没有那种杂乱无章的布局与安排。如《马说》的教学创意体现在文言课文的三步习读法:辨读文词——理解文意——体会文情。

这个教学思路所展示的,是三个呈块状的教学内容。一方面,它们着眼于学生的语言实践活动,着眼于学生自主的、合作的学习,着眼于每一"块"解决一个方面的学习内容或进行一个方面的学习活动,步步为营,有序延展,形成了这篇课文清晰明朗的教学过程。另一方面,"辨读文词——理解文意——体会文情"这三块教学内容或者说三个教学步骤在教学中彼此依存,缺一不可,组成了一个拾级而上的学习阶梯,表现出课堂教学中的鲜明节奏。

2. 从"线条简洁"的角度进行创新设计

"线条简洁"的主要特点是,一堂课或者是一篇课文的教学活动角度清晰,但教学的步骤又达到最简化的程度。如《最后一课》的教学过程,由"文意把握"和"片段欣赏"两个重要的教学板块组成。

这一节课立足于在整体理解课文的基础上将学生深深带入课文。板块一"文意把握"是"面",板块二"片段欣赏"是"点"。全文的教学点面结合,既整体式地了解课文内容与情节,又集中力量欣赏最美的片段,从而达到"简化教学头绪,优化教学内容"的目的。

3. 从"重点突出"的角度进行创新设计

教学思路的设计应该确保在"清晰"前提下"重点突出":或者是某一个教学步骤占有非常重要的地位,给予更多的时间;或者是大多数的教学步骤都关涉到某个教学内容,以显现明确的教学目标。

如《狼》的教学设计,其教学的主体内容就品析得相当精彩:一读,从"屠户"的角度理解课文的脉络;二读,从"狼"的角度理解课文的脉络;三读,从"故事情节"的角度理解课文的脉络;四读,从"叙议结合"的角度理解课文的脉络。

这个教例的思路是清晰的,是"板块式"的,同时又突出了重点。教师将教学视点集中在"课文脉络"上,运用"多角度反复"的方式引导学生从不同的角度理解课文内容,不仅使课堂教学不断出现新的兴奋点,更为重要的是对学生进行了学法熏陶和阅读技能训练。

4. 从"情境生动"的角度进行创新设计

即给课文的教学有意地、贴切地假设一种教学的情境,但这节课的教学又是步骤清晰、线条简洁的。如童话《七颗钻石》的创新设计:进入录音棚——让心情激荡,畅游智慧泉——让发现闪光,来到创作室——让想象飞扬。

这个课例思路清晰,让学生生活在美好的教学情境之中。可以看出,第一板块的教学活动主要是朗读,第二板块主要是品析,第三板块主要是表达。教师设置了一定的教学情景,渲染了一定的教学氛围,让学生在优雅的教学情景及浓郁的情境氛围中进行灵动的、多种感官并用的语文学习活动,从而让教学过程清新明朗,诗意浓郁,别具一格。

5. 从"活动充分"的角度进行创新设计

"学生活动充分、课堂积累丰富"是课堂阅读教学设计的第一要义,是课堂教学的高层境界,是教师教学理念先进和教学技艺成熟的标志。根据"学生活动充分"的要求来进行教学思路的设计,可以真正体现课堂教学中学生的主体价值。

如《看云识天气》的课堂活动教学创意:整体感受课文,理解说明对象;实践阅读方法,进行能力训练;课文片段精读,品味课文语言。

这个课例鲜明地表现了"学生活动充分"的特点。在教师的指导下,学生充分地占有了课堂学习的时间,并进行着学习语言、习得技巧、发展能力、训练思维的学习实践活动,实在是"美",真正是"实"。

……

上述所有的教学思路的策划,都是将学生的活动放在"第一要素"来考虑。

"板块式"教学结构呈板块状而又灵活多姿、组合丰富,可以充分地表现教师教学设计的技艺、创新意识与审美意识。除了"课"之外,它可以"小"用到一个教学步骤中,使这个教学步骤丰满细腻;它也可以"大"用到一个单元之中,使这个单元的教学层次清楚而内涵丰富。在阅读教学中运用"板块式"思路,可以使教学结构更加清晰,可以使教学内容更加优化,可以使教学过程更加生动;它就像一个小小的魔方,各种组合都充满新意,都会为驾驭它的语文教师的课堂教学增添光彩。

教学思路的策划,也有较高层次的要求:

第一,教学思路要表现出内容灵动、线条简洁、板块清晰、步骤明朗、学生活动充分的教学安排。从这一点上说,课文阅读教学是没有固定的模式可以依循的。

第二,教学思路要因课而异。课文有文体的不同,有语体的不同,有长短的不同,有深浅的不同,有教学中的运用角度不同。应针对这些不同而精心运筹,巧妙组合,使各课的教学思路有各自的特色与个性。

第三,即使就一篇课文来讲,也可尝试设计几种不同的教学思路,可酝酿几种不同的教学方案。如果将其融会贯通,课文的阅读教学过程就会更加灵活多姿。

教学思路是在深入研读课文的基础上结合丰富的教学经验产生的,其设计追求美、新、巧的艺术境界,我们保持"创新"的意识,运用优秀的语文教学思路,能够收到事半功倍的教学效果。

25. 教材处理的创新

就常规教学而言,"教材处理"四个字表现出强劲的创新力量。它最为理性的表达是:"教材处理"主要研究利用课文对学生进行阅读能力训练的问题。

教材处理,简言之,就是我们平时所说的"教什么""选什么教""教什么最好"。教材处理的艺术就是科学地、艺术地、机智地组织教学内容的艺术,就是提炼与组合教学内容的艺术。

教材处理的实质是精选,是让我们充分地、有效地运用课文文本,对学生进行积累教育与能力训练。

我们从下面若干方面来具体地了解"教材处理"的教学设计艺术。

第一,教材处理主要综合地研究四个方面的内容。

1. 各类文章教学的角度。如教读课文与自读课文的处理、长篇课文与精短课文的处理、繁难文章与浅易短文的处理、文体特征不同的各类课文的教学处理等。

2. 单篇课文的剪裁取舍。如全篇课文的整体式处理,知识内容的线条式处理,精美之处的板块式处理,突现目标的要点式处理;还有我们平时所说的重点、难点、美点的选择与突破等等。

3. 多篇课文的提炼组合。如比较式教学、联读式教学、穿插式教学、印证式教学的教材处理;与课文阅读有关的单元复习课、期中期末复习课、专题复习课、综合性活动课乃至作文指导课的教材处理;等等。

4. 课文利用角度的选择。一般来讲,课文本身的利用角度主要依赖于文体,"文体"因素是课文阅读教学最基本的因素。但在特别的构思之中,课文利用的角度也可以适当地丰富。如《大自然的语言》可从文体的角度设计为说明文的教学,但我们同样也可以将其设计为专门的"文章思路理解"训练课,设计为"读写结合"课,还可以设计成有着一定探究过程的"综合性学习"课。

第二,教材处理与教师教学素养有密切的关联。

1. 教材处理是语文教师的基础功力。教师在这方面应该有一些基本的素养。如:能根据课文的篇章特色、文体特色、内容特色以及它在全册或单元中的"地位"等因素来动态地、灵活地确定教材处理的角度。

2. 教材处理对教师教材利用的基本要求是尊重文本,尊重文本的教学价值并采用一定的教学手段将学生深深地引入到课文的字里行间。反过来说,就是在课文阅读教学中不要动辄想到所谓的"迁移拓展",好像是很有理由地给课文教学附加上大量的非语文阅读教学的"教学内容",那些将教学活动表面化、思想教育刻意显性化的教学手法其实冲淡了课文阅读教学的原汁原味。

3. 教材处理对教师教学设计的基本要求就是要简化教学头绪,优化教学内容。课标直接对教材编写提出了要求:"教材内容的安排应避免繁琐化,简化头绪,突出重点,加强整合,注重情感态度、知识能力之间的联系,致力于学生语文素养的整体提高"。这同样是对课堂阅读教学中教材处理的要求。

第三,教材处理的细节化研究。

1. 教材处理与教学设计方向的研究:从有利于整体阅读教学的角度设计教学,从有利于学生课中活动的角度设计教学,从有利于简化教学思路的角度设计教学,从有利于语言学用积累的角度设计教学,从有利于学生能力训练的角度设计教学,从有利于表现教学艺术的角度设计教学。

2. 单篇课文的教材处理研究的重点:长文短教、难文浅教、短文细教、浅文趣教、美文美教、一次多篇。

3. 技巧地进行教材处理的常用角度:整体反复、点面结合、选点精读、课中比读、一次多篇。

4. 日常教学中教材处理的忌讳:不能进入课文,或下意识地迁移拓展;不讲究教材处理,没有教学重点;就课文教课文,既不重视知识积累,也不讲求能力训练。

第四,整体阅读是教材处理研究的基本点。

教材处理的最为重要的要求,就是对课文进行整体阅读教学。新课标也强调指出:对学生,在教学中尤其要重视培养良好的语感和整体把握的能力。

什么是对课文的整体处理，什么是课文的整体阅读教学呢？

运用朗读、提问、讨论、概括、复述、品评、赏析、改写等方法或手段，将学生深深地带进全篇课文之中，让学生细心地研读课文、反复认真地咀嚼课文，从整体上把握课文内容的教学，就是课文的整体阅读教学。

在日常教学中，我们可以从以下角度对教材进行处理，从而实现单篇课文的整体阅读教学。

1. 就课文内容提出疑问，让同学们在探求、解决问题的过程中对课文内容进行整体的感知与理解。

2. 用设置悬念的方式，既激发同学们探求的兴趣，又让同学们在解决悬念的过程中对课文进行深入的理解。

3. 就课文某个方面的内容，用规定的句式组织学生进行理解性的说话活动，在众说纷纭之中完成对课文的感知与理解。

4. 要求对课文进行概括、撮要，进行"知识板块集聚"，用这样的方法将学生引入课文，理解课文内容。

5. 用读一文写一文、读一文写几文的手段，牵动学生的思绪，让他们的眼光在课文中逡巡，通过对课文内容的"再表达"达到对课文的整体理解。

6. 用多角度整体赏析的方法，将学生从不同的角度引入课文，在欣赏课文不同角度的美点之中，对课文进行多角度的整体理解。

7. 运用不同的调动手段，安排层次不同的教学问题，在逐层深入之中让学生整体感知课文、整体理解课文、整体赏析课文。

8. 用"探求""发现"作为教学要求，用组织学生进行独立学习、合作学习作为手段，在探寻、交流、讨论中整体理解课文。

……

第五，最能训练教师教材处理技能的是"长文短教"。

长文短教，不论是从教材处理的角度还是从课堂教学效率的角度来看，都是合理的。从教材处理的角度看，它着眼于精读、美读；从教学效率的角度看，它突显着教学的重点与难点。

长文短教，不论是从学习心理还是从教学水平来看，都是必要的。从学生学习心理的角度看，它是在优化、简化教学内容；从教师的设计水平看，它是在整合、精选内容。

长文短教是一个能表现出辩证思维的概念。很长的文章，我们可以进行短教；不太长的文章，我们可以将它处理得更短。总之是为了更加简洁、精练。

长文短教，其关键的教材处理技能就是"选点"。表现在教学设计上，主要可以运用如下手法：

1. 文意把握，选点精读：在粗略地把握文意的基础上，重点突出对课文的一个部分或者一项内容的品读。

2. 点面结合，以点带面：粗略地把握文意，然后在对课文的一个部分或者一项内容的品读中关联全文，更加深刻地理解全文的表达目的或表达技巧。

3. 要点概括，难点突破：运用要点概括的方法理解课文的主要内容，在此基础上着力于课文难点的研讨与分析。

4. 论析章法，品味语言：从分析文章层次、结构与谋篇布局入手理解文意，然后重点品析、提炼课文的语言表达特点，对课文的语言进行欣赏。

5. 速读课文，精析手法：用比较短的时间理解课文内容，用比较长的时间指导学生对文章的表达技巧、表现手法进行品评欣赏。

6. 巧用课文，能力训练：先粗知文意，然后再利用课文本身的结构或内容进行某种阅读能力、阅读技巧的训练。

7. 文意理解，人物赏析：在比较细腻地理解文意的基础上，突出对文学作品中人物形象的赏析。此中的"人物赏析"，也可以从侧面入手，处理为"情节分析"或"细节赏析"。

8. 课文浏览，话题讨论：引导学生浏览课文，知晓课文内容，然后根据课后练习展开有关或语言特点分析或人物性格分析或中心事件分析等。

……

总之，长文短教的教学设计，需要我们做到：选点精致，话题集中，整合巧妙，探究深刻。

下面我们看看梁思成《千篇一律与千变万化》的教学创意。这篇文章有近3000字，设计"长文短教"，用一个课时来对同学们进行有效的阅读训练：

教学设计的抓手：段。

学习活动一：通过"段"来进行文意把握。

讨论话题：这篇课文有15个自然段，请同学们速读课文，标示段落，分析这15个段所表现出来的课文结构、层次与逻辑顺序方面的特点。

活动效果分析：这个讨论话题把学生引入课文，引导学生进行思维难度很高的阅读分析活动。在这样的活动中，有理性的观察，有细致的分析，有隐性的概括，有简明的阐释，能够达到文意理解、结构分析、顺序解说的训练目的。

学习活动二：通过"段"来进行赏析训练。

讨论话题：阅读课文的第10、11两段（即"历史上最杰出的一个例子是北京的明清故宫"这一部分），分析这两段在全文中的作用和它们的表达效果。

活动效果分析：这一次的活动取材精要，学生有充分的思考与品析的时间，讨论的话题直击学生阅读能力的最高层次，既能品析到作者的用例手法，又能体味到这样的例子对于表现作者论说"有'持续性'的作品""千篇一律与千变万化"美学观点的重要作用。

第六，要非常关注"教材处理"的灵活性。

关注"教材处理"的灵活性，就是要因地制宜、因势利导，针对学生的不同状况设计不同难度的教学。

如《赵州桥》的难易有别的三种教材处理方式。

赵州桥

河北省赵县的洨河上，有一座世界闻名的石拱桥，叫安济桥，又叫赵州桥。它是隋朝的石匠李春设计和参加建造的，到现在已经有一千三百多年了。

赵州桥非常雄伟。桥长五十多米，有九米多宽，中间行车马，两旁走人。这么长的桥，全部用石头砌成，下面没有桥礅，只有一个拱形的大桥洞，横跨在三十七米多宽的河面上。大桥洞顶上的左右两边，还各有两个拱形的小桥洞。平时，河水从大桥洞流过，发大水的时候，河水还可以从四个小桥洞流过。这种设计，在建桥史上是一个创举，既减轻了流水对桥身的冲击力，使桥不容易被大水冲毁，又减轻了桥身的重量，节省了石料。

这座桥不但坚固，而且美观。桥面两侧有石栏，栏板上雕刻着精美的图案：有的刻着两条相互缠绕的龙，嘴里吐着美丽的水花；有的刻着两条飞龙，前爪相互抵着，各自回首遥望；还有的刻着双龙戏珠。所有的龙似乎都在游动，真像活了一样。

赵州桥表现了劳动人民的智慧和才干，是我国宝贵的历史遗产。

1.《赵州桥》一般情况下的"教材处理"：整体理解，精段品读，句式学用。这是最容易执行的一种教学创新，适用于一般程度的班级的教学。

步骤一：简洁导入，学生默读课文，说说自己读懂了什么。教师与学生对话，从课文全文的角度对学生的认识进行小结，突出赵州桥的"古老""雄伟""美观"，并顺势认读一批字词。这是整体理解。

步骤二：学生自读课文第二段，分组活动。有的组以"雄伟"为话题介绍赵州桥，有的组以"创举"为话题介绍赵州桥。这是精段品读。

步骤三：全班学生反复朗读课文第三段，教师指导学生品味句式，每名学生都要学用"有的……有的……还有的……"这个句式口头造句。这是句式学用。

教学小结中，老师介绍一点简单的说明文知识。

2.《赵州桥》稍有难度的教材处理的创意：内容概括，段式学用。这样的教材处理，其做法是"利用课文训练学生能力"。

"内容概括"是利用课文训练阅读能力，"段式学用"是利用课文训练表达能力。全课由两个活动组成。

活动一：内容概括。请学生朗读课文，再朗读课文，落实字词；对课文全文进行概括；对课文进行分段概括；对课文第二段的结构特点进行概括。

活动二：段式学用。请学生从"古老""坚固""巧妙"三个关键词中自选一个，并精选课文内容来写段，要求运用课文第二段的段落结构模式。

教师在每一个活动之后都要进行学习小结。

3.《赵州桥》难度较大的教材处理的创意：利用课文学作文。

这是从读写结合、以写带读的角度来处理教材。

活动一：教师指导学生证明这篇课文全文的层次结构是很精致的。（两个层次：第一层次是"说明"，第二层次是"评价"。）

活动二：请学生自己证明这篇课文第二段的层次结构是很精致的。（两个层次：第一层次是"说明"，第二层次是"评价"。）

活动三：请学生尝试将第三段文字加上一句话，使之能够形成"说明加评价"的结构形式。

活动四：请学生进行趣味写作活动：从"远看赵州桥""近观赵州桥""漫步在赵州桥上"三个题目中自选一个，根据《赵州桥》的内容写片段作文。要求运用"说明加评价"的结构形式。

从这三个不同的创意，我们可以体味到：教材处理，就是要实实在在地用好课文、用足课文；教材处理，就是要利用课文扎扎实实地训练学生的读写能力；教材处理，就是要认认真真地设计由学生进行的充分的课堂实践活动。

没有教师对课文的精细优美的研读，就没有优美得当的教材处理。

教师的课文研读，是教材处理的关键。

26. 教学手法的创新

教学手法，与文章分析中经常出现的术语"表现手法"一样，很难进行准确而清晰的定义。一般认为，教学手法，指的是教师在教学中所使用的手段、方法和技巧。其内涵非常丰富，仅从比较开放的教学手法看，就有如下一些常用的形式：

·学法手法：以课文为学法实践的载体，强调学生的自学，突现学习方法的训练。

·创编手法：从"写"的角度运用课文，读中有写，写中要读，有读有写，读写结合。

·讨论手法：读读议议、议议读读，用边读边议、边读边说的方式理解、品读课文。

·联读手法：从某篇诗文扩展开去，进行一次多篇式教学，或扩读，或比读，或专题研讨，或集中感受某种风格，或重点了解某种文化知识。

·穿插手法：在教学中适时地、有机地穿插与课文学习有关的若干资料，以增加教学内容的厚度。

·对话手法：师生就课文学习中某个或某几个预设的话题进行探究、对话、交流。

·赏析手法：用美点寻踪、妙点揣摩、妙要列举的方式，由学生对课文中的艺术形象、表现手法、描写方式、词语句段等进行自主的、合作的阅读欣赏活动。

·情境手法：创设一定的教学情境，让学生在恰切的虚拟情境中进入角色，开展学习活动。

·迁移手法：将教学内容迁移到其他课文或文章的教学中去，给课文教学增添更浓厚的情感色彩或思想色彩。

运用这些教学手法的基本出发点，就是让学生深刻地学习语文，生动地学习语文，有利于、有益于学生在大量的语文实践中学习运用语文的规律。离开了这一点，就无所谓创新设计。如《旅夜书怀》的教学设想：

1. 教师提供这首诗的背景资料。
2. 指导朗读吟诵。
3. 请学生对课文进行"艺术性改写"：可从翻译古诗的角度写，可从"诗联赏析"的角度写，可从"唐诗素描"的角度写，可从诗人内心独白的角度写，可从电影镜头转换的角度写，可从对诗人说话的角度写……

这里的"艺术性改写"，就是教师从侧面入手所使用的教学手法，好像没有讲析课文与欣赏课文，但学生在写作中已经充分领略到诗意的美感。可想而知，在这样的教学过程中，学生会有一点畅想，会有一点创造，会有一点浪漫；文言诗文的课堂教学将改换那种单调、严肃的脸孔；有了学生喜欢的学习活动，就有利于、有益于学生的语文学习。

在这里，教学手法的运用起到了非常重要的作用。

从普通适用的角度看，语文教师可在如下重要手法的运用及其运用艺术上进行探究与实践，以利于学生的素质训练和自己教学素质的提高：

朗读手法。朗读是适合于所有学生参与的基本的语文实践活动形式。运用这种教学手法的意义在于让所有的学生都在课堂上参与这种认知文字、感受声律、体味词句、领会情感、品味意境、发展语感的充满情致的实践活动。对朗读手法的研究，目前可以放在"朗读在阅读教学中的多元作用"上面。

设问手法。设问，就是提问。提问手法是语文教学中放在第一位的基本手法。它适用于所有的学生，能够就课文学习设置"抓手"，引出课堂讨论的由头，激起学生回答问题的思绪，形成师生双边的对话交流。提问手法的研究，最为实用、最需要进行的话题就是"主问题"的设计研究。

讲析手法。讲析手法近年来有所淡化，其实它也是语文教学中极为重要的基本手法。其意义在于深入文本，解决难点，突现美点，解析规律，增加教学内容的深度和知识的宽度，让学生欣赏语言文字的魅力、文学的魅力。此种手法的运用，目前需要加紧探索的问题是：课堂讲析的基本内容是什么？

读写结合手法。阅读中的读与写是"与生俱来"的依存关系。可以说，读读写写、读写结合，不论是从教学内容来看，还是从学生的课堂活动来看，它都是阅读教学中最常规、最平实的教学手法。在日常教学中，几乎没有教师不会运用这种教法。读写结合的教学手法可以说是最自然、最常用、最普及的教学手法。

读写结合，也是中学语文教材最重要的编写思想之一。它不仅表现在"综合性学习"这种全新的教学形式上，更重要的是表现在课文阅读教学之中，显现出一种角度丰富、细水长流、时时训练的特点，不仅很好地表现了课标关于"在教学中努力体现语文的实践性和综合性""拓宽学生的学习空间，增加学生语文实践的机会"的思想，而且还明确地"暗示"我们：阅读教学，不仅要让同学们读起来，还要让同学们写起来。"多读多写"是很有力度的语文的实践活动。

语文教学中，还有很多美妙的教学手法藏匿在我们视野的空白之中，需要从教学艺术的角度去进行探索与发现。我不久前在教学中尝试了一种"观点论证式"手法：请同学们论证"《苏州园林》全文构思严密，层次清晰，语言生动"，这个观点是正确的。学生活动的效果让人非常满意。

下面介绍一种新课标背景下可以在教学中常用的教学手法：穿插引进。

这种手法的操作特点是，或在课始、课中插入、加进与课文相关的其他内容；或暂时中断教学主线，或靠近教学主线有机地"切"进一些学习内容及活动片断；或配合教学内容有机地"牵引"进一些知识内容。总的来讲，一并称为"穿插引进"。

"穿插引进"的目的是增加教学内容的厚度，提高课堂教学效率。

穿插引进手法的运用，主要表现在如下三个方面：

1. 穿插式手法：在课文阅读教学中有机地、艺术地、和谐地穿插精美的教学内容和学习材料。

2. 联读式手法：从某篇诗文扩展开去，把若干具有相同因素的课内或课外的诗文联起来，或扩读，或比读，或专题研讨，或集中感受某位作者，或重点了解某种文化知识。

3. 助读式手法：用浅近的、生动的、精短的课文分析文章，引导、辅导学生的课堂阅读；或用与课文内容、形式相近的资料降低课文学习的难度。这是一种多、快、好、省的教学手法。

"穿插引进式"的教学设计手法，带有鲜明的教改特色，特别是在新课标出现以后。"让学生在不同内容和方法的相互交叉、渗透和整合中开阔视野，提高学习效率。""语文又是母语教育课程，学习资源和实践机会无处不在，无时不有。因而，应该让学生更多地直接接触语文材料，在大量的语文实践中掌握运用语文的规律。""语文教师应高度重视课程资源的开发与利用，创造性地开展各类活动，增强学生在各种场合学语文、用语文的意识，多方面提高学生的语文能力。"

"穿插引进"的着眼点在于给课文的阅读教学增加容量。所以，它是对阅读教学的直接的有显性作用的资源开发式的阅读教学设计方式。

"穿插引进"的设计思路之一：巧妙插入，拓宽视野。

所谓"插入"，就是在教学过程中的适当时候，有机地插进与教学内容有紧密关联的其他内容，例如知识性穿插、过渡性穿插、印证性穿插、欣赏性穿插、资料性穿插等。其中穿插的有关资料性的内容，有关印证性的内容，都能够很好地开阔学生的知识视野。

请见下面《纸船》教学实录片段，这是非常典型的印证式穿插：

> 师：冰心《纸船》写作的第一个特点是写物抒情。作者没有写：啊妈妈，我多么想你呀。而是写了无数的小白船，通过写小白船，来抒发自己的情感。借助形象，引发情感。第二个特点是展开想象，作者想到，可能会有一只船流到母亲的梦中；作者还想到，母亲也许会惊讶——这是哪里来的小白船呀。纸船是一定不会飘流到母亲那里去的，作者想象并假设有船载着自己的思念来到母亲梦里。这是多么的美好的想象。第三个特点是变换人称，第三节呼唤着母亲，直接抒发着自己对母亲的思念之情，读来令人感动。这就是变换人称，直抒胸臆，情深意长。
>
> 师：下面我们再来读一首写"船"的小诗：

新　月

新月弯弯，
像一只小船。
我乘船归去，
越过万水千山。

花香，夜暖。
故乡正是春天。

你睡着了么?

　　我在你梦中靠岸。

师:这首诗与《纸船》的表达特点非常相近。请同学们朗读诗人沙鸥的诗《新月》,来进一步感受诗歌写物抒情、展开想象、变换人称的抒情手法。

(教师深情范读全诗,同学们学读)

师:这样的诗读起来多么有韵味。大家明显地感受到,这首诗是表达——(生:对故乡的思念之情的)我们一起来读一遍,再读一遍,体会感情和写法。

"穿插引进"的设计思路之二:精心链接,课文联读。

"联读",就像"联唱"一样,是从横向联系的角度,一首又一首地、一篇又一篇地将课文"联"在一起进行阅读教学,只不过这种"联"是有限的,而且在"有机联系"上远远高于"联唱"的要求。

又如《白雪歌送武判官归京》的教学设想:

1. 教学创意:用"联读"的手法组织教学。

2. 教学内容:品读《白雪歌送武判官归京》,联读欣赏《凉州词》《登鹳雀楼》《使至塞上》《出塞》等边塞诗。

3. 主要教学过程:

(1) 听读王翰的《凉州词》,初步感受边塞诗的风格、韵味。

(2) 介绍边塞诗的特点。

(3) 进入联读欣赏:听、读王之涣的《登鹳雀楼》,感受视野的辽阔;听、读王之涣的《凉州词》,感受景物的荒寒;听、读王维的《使至塞上》,感受风光的奇丽;听、读王昌龄的《出塞》,感受征战的悲壮。

(4) 进入苓参《白雪歌送武判官归京》的教学。诵读、品析、研讨、感受战友的情怀。

主问题:从这首诗的字里行间你体味到了什么?

提示:可以从整体的角度说诗的美妙之处,可以从诗句的角度品析其表达作用,可以从字词的角度揣摩其中的意味;你可以进行品味,也可以展开想象。

(5) 再进入联读欣赏:欣赏王翰的《凉州词》,读出奔放的情感,感受沙场的豪壮。

（6）教师进行课堂小结。

教师在这里运用了"诗歌联读"的手法，增加了教学的厚度，开阔了学生的眼界。这样的课手法独特，宏阔大气，内容丰厚，活动充分，情境动人。

"穿插引进"的设计思路之三：引入范例，曲径通幽。

有时候，阅读理解的课是很难讲得深入浅出的。在这个时候，还不如绕个弯子，举比较简单的例子，通过对例子的讲析让学生理解课文或者会读课文。这就是"引入范例，曲径通幽"。如人教版八年级上册《生物入侵者》的教学创意：摘取、组合文中的重要语句，如"观点句"或者中心句、总说句，加以综合性的表达，以获取全文的重要信息。我们可以组合如下语句，浓缩全文内容：

> 原本生活在异国他乡、通过非自然途径迁移到新的生态环境中的"移民"就是"生物入侵者"。一个物种在新的生存环境中很可能会无节制地繁衍。在给人类造成难以估量的经济损失的同时，也对被入侵地的其他物种以及物种的多样性构成极大威胁。
>
> 许多"生物入侵者"是搭乘跨国贸易的"便车"达到"偷渡"目的的。在科学技术高度发达的今天，面对那些适应能力和繁殖能力极强的动植物，人们仍将束手无策。
>
> 如果听任"生物入侵者"自由发展，许多本土物种将难逃绝种厄运，自然界的物种多样性将受到严重破坏。而且，"生物入侵者"给人类社会造成的经济损失也是惊人的。
>
> 目前，世界上许多国家已开始认识到这一问题的严重性，并采取了相应措施。

但以上内容如果"直讲"的话，一点趣味也没有。于是教师引用如下资料，变直为曲，曲径通幽：

> 据不完全统计，目前我国有主要外来杂草107种，外来害虫32种，外来病原菌23种。这些外来生物的入侵给我国生态环境、生物多样性和社会经济造成巨大危害。据保守估计，全国主要外来物种仅对农林业造成的直接经济损失每年就高达574亿元。

据中国履行生物多样性公约工作协调组负责人介绍，<u>外来物种对我国的危害表现在多个方面。</u>

<u>首先</u>，<u>外来入侵物种会造成严重的生态破坏和生物污染</u>。大部分外来物种成功入侵后大爆发，生长难以控制，造成严重的生物污染，对生态系统造成不可逆转的破坏。比如，原产南美洲的水葫芦现已遍布华北、华东、华中、华南的河湖水塘，疯长成灾，严重破坏水生生态系统的结构和功能，导致大量水生动植物的死亡。

<u>其次</u>，<u>外来入侵物种通过压制或排挤本地物种，形成单优势种群，危及本地物种的生态，最终导致生物多样性的丧失</u>。比如，原产中美洲的紫茎泽兰已遍布我国西南大部分地区，原有植物群落迅速衰退、消失。

<u>另外</u>，<u>生物入侵导致生态害灾频繁爆发，对农林业造成严重损害</u>。近年来，松材线虫、湿地松粉蚧、美国白蛾等森林入侵害虫严重发生与危害的面积，每年达150万公顷；稻水象甲、非洲大蜗牛、美洲斑潜蝇等农业入侵害虫的危害每年超过140万公顷；豚草、飞机草、水葫芦、大米草等肆意蔓延，已造成难以控制的局面。

<u>外来生物入侵不仅对生态环境和国民经济带来巨大损失，还直接威胁到人类的健康</u>。比如，豚草、三裂叶豚草现已分布在东北、华北、华东和华中的15个省市，它的花粉就是引起人类花粉过敏的主要病原物。

这位负责人建议：建立健全相关法规，加强对无意引进和有意引进外来入侵物种的安全管理；建立相应的监测系统，查明我国外来物种的种类、数量、分布和作用；加强对生物入侵危害性的宣传教育，提高社会的防范意识；积极寻找针对外来入侵物种的识别、防治技术，以对当前生物入侵的蔓延趋势加以有效遏制。（摘自《新华网》）

老师说：同学们，我们把有下画线的句子连起来读，就是这篇短文的基本内容信息了。你们能不能学着试一试，用这样的方法，提取《生物入侵者》的基本信息呢？

我用这样的方式教学《生物入侵者》，都很成功。少费了许多讲解的话语，学生除多读了一篇课外选文以外，还觉得这样的学习真有趣。

在这里，教学手法为课文的阅读教学增趣、添力，起着重要作用。

27. 提问设计的创新

提问的研究，几乎关系到中学语文课堂教学研究的半壁江山。无数个教学的日子，无数个教学中的课堂，没有不用提问的方式进行教学的。无数的语文教师，在教学之中都"过量"地使用了提问的方法，一节课上下来，问上几十次、上百次是很常见的。即使是很多名师的课，在提问的"量"上，与一般教师相比，也没有优势、示范性可言。

课堂上的大量提问，什么都问，就是"碎问碎答"。"碎问碎答"对中小学语文阅读教学的危害年深日久，大量的阅读课堂教学充满"问答"，有些优秀的教学设计和教学实录也显得提问过多，内容过浅。这样的提问，明显地表现出不少的教学缺憾：

1. 一问到底，表现出单调地缺少教学方法变化的教学流程。
2. "提问群"的接连出现，让学生在课堂上基本上没有成块的时间进行思考，进行实践。
3. "随口而至"的问与答没有丝毫的美感与激发力，成为桎梏学生创造性的思维网络。
4. "步步为营"的一个个提问成为牵引学生向教师的"板书"设计靠近的阶梯。

提问的繁杂细碎，是课堂教学效率不高的重要原因之一；提问设计的平淡无力，是课堂教学改革没有力度的重要表现。因此，我们需要进行提问设计的创新，需要有创新的提问手法改变教师的提问习惯，提升设问的质量，形成学生的训练活动。这种创新的提问形式叫作"主问题"设计。

下面，我们就来感受课堂阅读教学中"主问题"的魅力。先看教例。

例一：《荷塘月色》的结构分析教学。

设计这样的提问：这篇优美的散文可以从作者行踪、作者感情变化、作者对景物的描写这三种角度分层划段吗？还有没有另外的分层划段的角度呢？

很明显，要探究或者回答上述问题，就得进入课文全文。一个这样的提问，牵动了学生对全篇文章反复阅读的心。

例二：《沁园春·雪》的文意理解教学。

教师设计了这样的训练内容：请同学们自由地用对联的形式概括上下阕的意思。如"上阕绘景抒情，情景交融；下阕议论抒情，评古论今"。

面对这样的表达要求，学生需要对课文内容进行认真的研读并进行反复的概括和修改。活动的设计既暗合了"沁园春"词牌的特点，又让学生进行阅读理解之中的语言表达实践活动。

例三：人教版《神奇的极光》的提取信息能力训练的教学设问。

你能从课文中找出10个左右的句子并将它们组合起来，全面地解释什么是神奇的极光吗？

这个提问让学生深深地进入到这篇长达4000多字的课文之中，同样让学生对课文内容进行了细致的理解，并进行了关键信息的提取。

以上的"提问""问题"或"话题"，在课文教学上表现出共同的特点：牵一发而动全身；在课堂活动上也表现出共同的特点：吸引学生进入到有一定思维深度的课文研习过程中。

这种能够对教学内容"牵一发而动全身"的"提问""问题"或"话题"，就是"主问题"。或者说，"主问题"是引导学生对课文进行深入研读的重要问题、中心问题或关键问题。还可以说，"主问题"是阅读教学中能从教学内容整体的角度或者学生整体参与的角度引发思考、讨论、理解、品味、探究、创编、欣赏过程的重要的提问或问题。

如果我们从学生活动的角度看，"主问题"在教学中表现出这样一些明显特点：

1. 在课文理解方面具有吸引学生进行深入品读的牵引力；
2. 在过程方面具有形成一个持续较长时间教学板块的支撑力；
3. 在课堂活动方面具有让师生共同参与、广泛交流的凝聚力；
4. 在教学节奏方面具有让学生安静下来思考问题、形成动静有致课堂教学氛围的调节力。

通过下面教学实例，可以了解上述特点。

  例四：《邹忌讽齐王纳谏》用三个"主问题"来领起全文的教学。
  1. 请同学们根据课文内容口头创编"门庭若市"的成语故事。
  2. 请自选内容，用"比较"的方法，编写课文"词义辨析"卡片。
  3. 这篇课文中，有哪几个关键字词既推动着故事情节的发展，又表现了人物的特点？

三个话题，三次深入的研读活动，三次课中交流。以简驭繁，以易克难，层次明晰，覆盖全面，能力训练充分，学生活动充分。

特别是第三个问题，学生需要对课文内容进行从头到尾的品析，然后表述自己的见解。在师生的对话之中，几乎将本课中有着重要表达作用的字词都进行了品读欣赏。

我们可以明显地感到，"主问题"是立意高远而又切实的课堂教学问题，在教学中具有"一问能抵许多问"的艺术效果，表现出"妙在这一问"的新颖创意。所以，"主问题"的设计是对阅读教学中提问设计的一种创新。

对于课堂教学中成串的"连问"、简单应答的"碎问"以及对学生随意的"追问"而言，"主问题"设计的更为重要的意义在于学生课堂实践活动的形成，它既能"让学生更多地直接接触语文材料，在大量的语文实践中掌握运用语文的规律"，又能让学生在学习的过程中养成"独立阅读的能力，注重情感体验，有较丰富的积累，形成良好的语感"。

"主问题"的研究，是为解决课堂教学中"碎问"现象的研究。这种研究的着眼点与着力点是：在阅读教学中，用尽可能少的关键性的提问或问题引发学生对课文内容更集中、更深入的阅读思考和讨论探究。

从教师教学的角度而言，可以这样概括"主问题"的特点、功能与作用：

1. "主问题"是经过概括、提炼的，"主问题"教学现象对教师把握教材的水平和课堂对话的能力提出了很高的要求，"主问题"的广泛运用将大面积提高语文教师深入细致地钻研教材、研读课文的水平。

2. "主问题"有利于课堂上"大量的语文实践活动"的开展，有利于"简化教学头绪，强调内容综合"。"主问题"的提出，是"预设"；由

"主问题"而形成的课堂活动，是"生成"。

3. 由几个"主问题"组织起来的课堂阅读活动呈"板块式"结构，每一个"主问题"在教学过程中都能产生有相当时间长度的课堂学习与交流活动，几个"主问题"层层深入，从不同的角度深化着课文内容的学习。

4. 由于"主问题"往往呈"话题"的形式，所以课堂教学中师生的品读活动一般不是表现在细碎的"答问"，而是表现在师生之间的"对话"，这将大面积改变语文教师的课堂提问习惯，带来流畅扎实的、效率较高的课堂教学过程。

从教学的课堂技术的角度而言，"主问题"的研究关系到语文教师教学技艺的研究。对"主问题"的研究，实质上是对课堂教学最关键的技术问题的研究。

下面请欣赏由主问题设计而形成的独特的教学思路与教学内容。

例五：《边城》（节选）第一课时的教学创意。

第一步，对课文教学进行足够力度和厚度的铺垫：主要特色介绍，基本内容介绍，人物关系介绍以及节选部分前后的基本情节介绍。

第二步，请同学们根据下面两个话题自读课文：

1. 读出课文中的"美丽"；
2. 读出课文中的"忧愁"。

第三步，师生进行话题讨论交流。

第四步，教师课堂教学小结：美丽总令人忧愁——《边城》背后所蕴藏、隐伏的是"美丽总令人忧愁"这一普遍的人生哲理。

读出课文中的"美丽"，读出课文中的"忧愁"——仅从这两个话题的设置，我们就已经能够感受到它的教学魅力了：用精、少、实、活、美的提问来激活课堂、创新教学，真正让学生成为课堂有序学习活动的主体。

例六：《愚公移山》课文品析活动设计。

请同学们阅读课文，找出一个能牵动全篇课文内容的词，然后抓住这个词分析课文的层次、情节、人物。

这个活动的设计，其实正是"主问题"的设计。其巧妙之处在于：因为要找出一个在全篇文章中有重要作用的词而让学生整体地深入地研读课文；而"抓住这个词分析课文的层次、情节、人物"又从整体到局部引导着学生对课文进行多角度的评析欣赏。品析体味的结果是，学生找出了"平险"一词，并围绕着"平险"欣赏了故事中层次、情节与人物，从而表现出了"挈领而顿，百毛皆顺"的美好教学意境。

例七：请同学们完成《山居秋暝》和《登高》的比读续写练习。

教师出示范例，同学们续写。例：《山居秋暝》——一曲隐居者的情歌；《登高》——一首流浪者的心曲。

这是一次不带问号的提问，不提问题的设题。一个"比读续写练习"的指令既突现了诗歌整体比读的教学创意，又设定了让所有学生动脑动手的活动方式。这一练习设计形态优美，学生活动形式高雅，课文研读角度丰富。

例八：几个课的"主问题"设计。

1. 《春》：想想看，课文中的五幅图的位置是可以互换的吗？

2. 《祝福》：作者笔下的祥林嫂，是一个没有春天的女人。请同学们研读课文，证明这种看法。

3. 《林教头风雪山神庙》：在课文中的一字之妙；课文中的一物之妙；课文中的一景之妙；课文中的伏应之妙；课文中的巧合之妙；课文中的细节描写之妙……中自选一个话题说话。

4. 《中国石拱桥》：如何证明《中国石拱桥》中有四种不同的段落结构形式？

《春》的提问牵引力巨大。牵动了对课文主体部分结构与顺序的理解，使学生能够在对课文美读的基础上进行深读，这不仅是一次认识课文的训练，更是充满着思维训练的色彩。很明显，它一方面能带动对全篇文章的理解，另一方面又能牵动课堂交流活动生动深入地进行。

《祝福》主问题的设计，在于指导学生对课文进行探寻与欣赏。"没有春天的女人"这条"线"，"串"起了人物、情节、内容、形式、语言等课文内容的"珠"，也"串"起了课文阅读探究与欣赏的过程。此问题的设计，表现出教师对课文进行了整体处理并从中提炼出了优美的教学线条，从而有效地简化了教学头绪，表现出一种高屋建瓴的设计风格，有着鲜明的整体阅读教学的特色。教学内容于单纯之中表现出丰满，有效地激发了学生的阅读兴趣，多角度表现了课文的训练的价值。

《林教头风雪山神庙》的问题设置，则是引导学生对课文的细部内容进行揣摩欣赏。每一个话题都有它的指向性和牵引力，每一个话题都能从课文中提取丰富的材料，即使是细部的材料，也与全文内容有关，与人物和情节有关，这是多彩多姿的文学欣赏活动。

《中国石拱桥》话题的设计，标示着教学角度与教学手法的改变。"证明"二字之中所揭示的，是非常细腻的阅读、划分、概括、推论等阅读活动和思维活动。

如果说"主问题"的魅力表现于课堂阅读教学中的整体阅读、多角度理解、选点突破、优化活动、精细思考、合作探究、交流充分、积累丰富等方面的话，那么，它还有更令人感兴趣的地方。请看下面教例的教学设计。

例九：《孔乙己》阅读教学的"主问题"设计。
1. 试以"实写与虚写"为话题分析《孔乙己》的表达艺术；
2. 试从"对比"的角度体味课文的表现手法；
3. 试从"手"的描写入手，欣赏对孔乙己命运和性格的描写。

这样的主问题设计，其实都是学生活动的设计，都是学生阅读能力的训练设计，都是教师与学生的课堂对话活动设计。阅读教学中常用的、惯用的提问手段在这里悄然淡化，而代之以课中小小专题的探究，代之以课堂交流与师生对话，从而产生一种全新的课型——无提问设计课型。这就是我们常常说的：对提问设计的研究，最神秘、最有趣的是研究不提问。

可见，在阅读教学中用"主问题"来牵动对课文的整体阅读，用"主问题"来结构学生的课中活动，用"主问题"来制约课堂上无序的、零碎的、频繁的问答，能有效地克服目前语文阅读教学中肢解课文、一讲到底、零敲碎打等种种弊端，遏制教师的过多讲析，真正让学生成为课堂有序学习活动的主体，让那些令人耳目一新的课型与课堂教学结构脱颖而出。

主问题的创新设计研究，需要教师厚实的技能基础。除了科学求实的教学理念之外，就是深入扎实的教材研读了。

一位教师，如果没有极具耐心的、认真细致的、方法多样的、别出心裁的课文研读，就没有深入高效的课堂阅读教学，就没有优美独到的提问设计。从这个层面来讲，我们可以说：提问的技术，是语文教师的核心技术之一；而教材的研读，则是教师需要磨炼的第一功夫。正如孙绍振先生在他的《〈名作细读——微观分析个案研究〉自序》中所说的那样：

> 不管在中学还是大学课堂上，经典文本的微观解读都是难点，也是弱点。……要解决这些微观的问题，不但要有深厚的宏观学养，而且要有具体问题具体分析的功夫，这种功夫，不是一般的，而是过硬的功夫。而这种过硬功夫的特点，就是于细微处见精神，越是细微，越是尖端，越是有学术水平。

每一位中学语文教师，都应该在提问设计的创新研究中，同步提高自己精细地研读教材的水平。

28. 课中活动的创新

《义务教育语文课程标准》中有一句非常重要的话:"语文课程是实践性课程,应着重培养学生的语文实践能力,而培养这种能力的主要途径也应是语文实践。"这句话点出了语文课堂教学改革的关键。要做到让学生有大量的"语文实践"的机会,就必须进行课堂活动设计的创新研究。

课堂活动,在很大程度上,是将老师在课堂上要做的事,化解为细腻的操作步骤,让学生去试做,去进行,去完成。可以说,学生充分的课堂活动,是高层次的教学境界,是语文教师近乎全部教学艺术的集中体现。

对语文教学课中活动的设计,有两个重点的问题需要阐释。

第一,什么是语文教学的课中活动。

课堂活动,指的是在教师的指导下,学生在课堂上进行的形式和内容都很丰富的语言学习、技巧习得、发展智能、训练思维等语文实践活动。我们应着眼于能力训练、方法培养、知识积累;我们要运用各种方法,创造各种课堂组织形式,以学生为主体,充分地开展有效的课堂教学活动。

阅读教学中的"课中活动"像一个美丽的万花筒,表现出丰富的艺术组合:

1. 从一节课的教学过程来看,有辅助性的课中活动,也有主体性的课中活动。
2. 从训练的方法看,有常规性的课中活动,也有创造性的课中活动。
3. 从课型的不同看,有教读课文的课中活动,也有自读课文的课中活动。
4. 从教学的手段看,有读、写、听、说等不同形式的课中活动。
5. 从教学的目的看,有语言性活动、技能性活动、思维性活动、情感性活动、竞赛性活动等。
6. 从设计的形式看,有课中活动的形式,也有活动课的形式;有课文的阅读活动,也有生活或社会的活动;有班级活动,也有小组活动;有平实的活动,也有艺术性的活动;等等。

以上起着最重要作用的是第一点：即从一节课的教学过程来看，有辅助性的课中活动，也有主体性的课中活动。辅助性的课中活动有两层含义。一是充分利用课首、课尾的时间，安排学生进行自我训练，以求日积月累、逐步长进的操练活动。如课前五分钟练字、课前三分钟演讲、课前五分钟背诵、三分钟朗读、每日摘抄、每日读报、每日名句欣赏等。这种活动具有主题性，往往在一个月内或一个学期内坚持不懈地进行。二是围绕课堂主体活动安排的铺垫、过渡的活动。比如答问之前的思考、讨论之前的拟出发言提纲等。

主体性的课中活动就是阅读教学过程中起主要作用、支撑作用，明显地占有一定的时间、明显地突出了某种方法的学习活动。在一节课内，或者在一篇课文的教学之中，如果没有一两种主体性的课中活动，这节课的设计就显现不出思想、思路和艺术性，也表现不出训练的力度。如下面类型的活动都可以说是主体性的课中活动：

- 学生活动时间较长的层次清晰的朗读活动
- 学生独立进行的积累资料处理信息的语言学习活动
- 学生活动比较充分的处理手法比较细腻的品析活动
- 学生占有较长时间的目标较为明确的课堂交流与交际活动
- 学生有成"块"的时间来进行想象、研究或创造的活动

反之，如下活动不是真正意义上的"课中活动"：

- 简单的应答活动
- 零碎的朗读活动
- 以个别或几个学生为主的活动
- 极短促地给学生一分钟、半分钟的答题活动
- 以形成教师板书设计为目的的析读活动
- 做练习对答案的活动

第二，语文教学课中活动的设计角度。

课中活动的设计艺术，是一种使教学生动的艺术。语文课一定应该有学生活动时间较长的各种学习语文的实践活动。

课中活动的主要类型可概括为十个方面，这也是我们常用的设计角度：

1. 表情诵读活动。它着眼于朗读，其活动的最高层次为情感性演读活动。
2. 语言学用活动。诸如语言积累活动、积累性忆读活动、个性化理读

活动等。

3. 辨析提炼活动。如文言文的语言辨读活动、智能练习活动、字词疏理活动等。

4. 多角品读活动。如语言品析活动、人物评说活动、精段品读活动等。

5. 课文创编活动。它着眼于"写读",如情境式写读活动、课文集美式活动等。

6. 妙点揣摩活动。对课文进行赏读,进行悟读,进行美点寻踪。

7. 思绪放飞活动。就课文内容进行发散,让学生进行想象与表达。

8. 微型课题活动。着眼于"研读"、着眼于学生的研究与表达开展活动。

9. 探究发现活动。组织探究性学习活动,开展课文置疑活动。

10. 扩展交流活动。引进课外资源,进行课文扩读,增加教学容量。

设计丰富多样、扎实生动的教学活动,其指导思想是将学生深深地引入到课文之中。

设计丰富多样、扎实生动的教学活动,是为了创造学生乐学、趣学的教学情境,是为了形成学生专注学习的教学氛围,是为了设置激发学生学习内驱力的教学场景,是为了有效、高效地进行语言积累教学。

设计丰富多样、创新实用的教学活动,在于教师的教学灵感,在于教师的匠心独运,更在于教师花更多的精力和智慧进行设计和创造。在课堂上生动的教学细节的背后,是教师付出的大量时间与心智,是教师把大量的学习时间交给了学生,而让学生的活动在教学中满堂生辉。

请看下面的设计实例:

1. 分层推进式朗读活动

一般的课堂朗读就是齐声朗读、个别朗读、角色朗读,教师指导的层面主要是让学生"出声",很少关注对文本的反复体味,而冰心《纸船》的朗读设计就不一样:

(1) 请同学们用"温婉的调子"朗读这首诗;

(2) 请同学们带着"水一样的柔情"进行朗读;

(3) 请大家带着金子般的童心读出作者对母亲的思念之情。

这个很细节化的、立意很高的朗读教学设计,它不仅仅只是有序地推进,也不仅仅只是欣赏角度的变化,更重要的是它从第一步起就切入到作品的艺术风格，就将学生引入到优美动人的诗情之中。

2. 要点归纳式概括活动

从文章阅读看，文意概括能力、语言品析能力、表达作用欣赏能力是最为重要的三种能力。

概括能力的训练角度丰富多样，如内容概括、思路概析、要点归纳、情节提炼、信息提取、图形概说、规律发现、特点抽象、材料综述等。

如教学《泥人张》时的概括能力的训练设计：

(1) 请同学们分别从内容、情节、人物、主题的角度对课文进行概说。

(2) 活动方式：请自选一个话题，用百字以内的文字，进行课文概说。

(3) 教师示例从"内容"的角度来概说：

一个雨天，天庆馆里，面对海张五的取笑，泥人张捏出了"一脸狂气"的海张五头像进行"回报"。第二天，泥人张使法大批"贱卖海张五"泥像。三天后，海张五将泥像连同泥模全部买走。

这里的概括训练，角度丰富，且提出了写的要求，进行了语言表达的示例，全班学生，人人思考，人人动笔，可谓高效阅读训练。

3. 课文复述式说读活动

说读，就是读课文加上说课文，由学生自己在说说读读中理解课文内容。说读，是让学生就课文内容进行各种要求不同的说话活动，如复述、概括、叙述、评点、想象等。说读是一种最能让课堂教学生动起来的教学活动。

如《童趣》的"说话"教学：

朗读课文之后，教师说：

同学们，课文第一句话是："余忆童稚时，能张目对日，明察秋毫，见藐小之物必细察其纹理，故时有物外之趣。"现在请同学们抓住"忆"字来概说课文内容，抓住"小"字来分说课文内容，抓住"趣"字来详说课文内容。

这是一个高屋建瓴的细节设计，让学生抓住三个字从不同的角度反复地"说"出课文内容，既思路清晰地展开了充分的课堂活动，又让学生透彻地理解了文意。

4. 微型话题式品读活动

微型话题，是教师研读课文之后提炼出来的引领学生自主合作进行课文研读的小小话题。每一个话题都是一个"抓手"，都能让学生深深地进入文本，都要求学生在理解课文的基础上进行创造性的"再表达"。

如《三峡》教学活动中的微型话题：

> 美在结构，美在全文的层次，美在各段的层次，美在勾勒，美在镜头，美在画面，美在动感，美在动静结合，美在色彩，美在情景交融，美在视点变化，美在侧面烘托，美在景物的辉映，美在细笔的描绘，美在巧引渔歌，美在选词炼句，美在语言的音乐美，第一段中的美，第二段中的美，第三段中的美，第四段中的美……

学生需要从"美"的角度，自选上述内容中的"一个点"，对课文进行品评欣赏，并将自己的体会写成简短的文字。如：

> 《三峡》，美在那宏观勾勒的一笔。文章的第一段只有33个字，却是全景式的勾勒，写得异常的美。就那么一笔，总写了磅礴的山势，勾勒出700里三峡的雄险，描写了群峰连绵、隔江对峙、山高峡长的壮丽。

> 《三峡》，美在侧面烘托。除进行正面描写之外，作者还巧妙地进行了侧面烘托，"自非亭午夜分，不见曦月"写得多好——抬头看天，不到"亭午夜分"，连世界上最有光彩的事物都难以看到，这山还不高吗？这峡还不深吗？

> 《三峡》，美在一个特例。作者用了一个特例来写水速之巨大。写得最美的就是"朝发白帝，暮到江陵"那几句，它不仅仅是从时间之短、距离之长写了水之流速，它还让我们想象了三峡江流的汹涌向前、奔腾咆哮，它可让我们感受到我们坐在小小木船上飞流直下、一泻千里的快感。

> 《三峡》，美在景物的动感。课文中描写的美丽的一角是很有动感的。雪白的是急流，碧绿的是深潭；回旋的是粼粼的清波，晃动的是模糊的物影；更不用说那跌宕多姿、水花飞溅的"悬泉瀑布"了，它们甚至让我们听到了那哗哗的水声。

> 《三峡》，美在那一声悠长的渔歌。一句"巴东三峡巫峡长，猿鸣

三声泪沾裳"写出了哀婉的猿声中旅人的悲凉心境，更加烘托出秋景的凄凉，给人余音缭绕之感。

……

5. 联想想象式写读活动

写读，就是读读写写，写写读读，有读有写，读写结合。浅层次的做法，有课文集纳、定向检索、句式学用、段式学用、篇式仿写、课文缀语、想象扩写、片段点评等。中等层次的做法，有多向假设、多序假设、多体假设、读一文写多文、读多文写一文、读甲文写乙文等。深层次的做法，有艺术性概括、艺术性改写、艺术性编演、艺术性创作、艺术性评论等。

下面是《山居秋暝》教学中创造性写读活动的设计：

请同学们进行三个层次的"写作"活动：单联画面描述，双联画面描述，多联画面描述。

如，有位同学进行的"多联画面描述"：

空山新雨后，天气晚来秋。
明月松间照，清泉石上流。
竹喧归浣女，莲动下渔舟。

首联勾勒的是大环境，是山中，是刚下过雨，是黄昏，是秋天。在这里，有一种气息在弥漫，那是山中的空寂，是雨后的清新，是向晚的安详，是秋高的爽净。

颔联将镜头拉到细部，月色透过松林，清泉流过山石。月从松间透过，斑驳的月色都仿佛沾染了松针的清香；水从山石上流过，激起的水声越发衬出了这山中黄昏的清幽。

颈联推出了人的活动，使这本来显得有些清寂的画面活了起来。竹林里传来嬉笑，是因为村女在清泉石上洗涤衣物；莲叶晃动，是因为渔船从那里穿行。

这么美、这么清新的秋日黄昏，怎能让人不爱它呢？

在这样的活动中，学生受到的训练是多么的充分、扎实！

6. 多角反复式的品析活动

多角度品析，就是多角度、多层次、多方位地对课文或课文中的重点片断反复进行品评赏析。在这种学习活动中,学生能进行有创意的阅读,能够拓展思维空间,提高阅读质量;在这种学习活动中,没有老师的讲读,没有老师的析读,没有老师的教读,有的只应该是老师有创意的品析角度的设计。在教师艺术的引导之下,学生在这样的活动中编织着优美的教学风景,不仅达到"品读细腻"的学习要求,而且由于赏析视点的变化给课文以立体的动感。

如《〈白毛女〉选场》的教学:

从四个角度,用寻读的方法,引导学生对课文进行品析:

角度一,请同学们从课文中找出例子,说明人物的动作是符合他的身份和性格的。

角度二,请同学们从课文中找出例子,说明人物的语言也是符合他的身份与性格的。

角度三,请同学们从课文中找出例子,从同一人物,对同一事物前后不同的语言来说明人物性格的发展变化。

角度四,请同学们从课文中找出例子,从人物的只言片语来分析人物的身份和性格。

上述四步,除了"课中活动"的意味之外,从教学的思路来讲,其本质的特点就是每一次的活动都牵动了对全篇文章的阅读品味,四个问题如同四条纲要,编织起一个教学网络,带领学生在课文中扎扎实实地走了四趟。

7. 妙点揣摩式欣赏活动

妙点揣摩欣赏,就是引导学生对课文进行美点寻踪,进行妙点揣摩、妙要列举。有时,这种实践活动是完全自由的,学生可以从自己喜欢的角度发表见解;有时,这种实践活动则有着精粹的要求,在这种要求下,活动的成果会显得特别精致。

如《狼》的微型教案:

教学角度:品味赏析课文的美点妙处。

主要教学步骤:

(1) 导入,抢答(检查预习):作者,体裁,形象,层次……

(2) 学生读课文,读注释,并向老师自由提问。

(3) 读课文。

（4）品课文。

品读训练实施过程：

（1）教师介绍学法：妙点揣摩法。

（2）教师示范。如课文妙在写投骨而不止狼，使人感到屠户面临巨大危险；妙在写后狼止而前狼又至，表现了屠户随时有受到攻击的可能；妙在写狼的一走一留，让人担心屠户是否会中计……

（3）学法实践。学生进行课文妙要列举，每人用一句话说明一个"妙点"。

（4）组织学生用"分类"的方式整理"妙点"。

（5）教师就最为重要、最为精彩的内容小结，学生记录。

（6）自由背读，教学小结。

一个"妙"字，贯串于阅读欣赏的整个过程，像一条线索串起了闪光的珍珠。

8. 拓展迁移式创编活动

这样的课堂活动是从课文出发，依托课文设计生动活泼的读写训练，将学生的课文学习引向更为深刻更为广阔更为自主的境界。

如高中《散文诗两篇》（《记忆》《门槛》）的教学细节设计：

> 请从课文如下句子中选一句作为中心意思，自拟题目，写一篇百字左右的演讲稿。
>
> 嗯，只记得一己忧患的，是庸人。
>
> 忘记了人民疾苦的，是叛徒。
>
> 把记忆中的荣耀当作冠冕顶在头上的，是蠢货。
>
> 让不幸的记忆压得双膝着地的，是懦夫。
>
> 从成功的记忆里提炼警觉的，是智者。
>
> 而忘掉自己的危难，却铭记着他人的艰辛，只为人民的幸福去忘我奋斗的人，才是勇士，真正的勇士！

就这样一个小小的教学细节，能让所有的学生都怦然心动；就这样一个小小的教学细节，都需要教师对教材的全面把握和对教学手法的智慧的创新。

29. 语言教学的创新

语言教学,从阅读教学的角度讲,指的是对学生进行语言训练的教学,即字、词、句、段、篇,听、说、读、写、思中的语言感受、语言积累、语言学用、语言的品析与鉴赏的教学。

语言教学是语文阅读教学最基本、最重要的内容。它天然地存在于几乎每一节语文课中。对学生进行语言教学,是一种工具的授予,是一种技能的培养,也是一种人文的熏陶。

语文教育的本质,就是语言教学。

语言教学研究的内容丰富多彩。有关字词句篇、听说读写的每一项内容中都大有文章可作。就拿学习语言的一般过程来讲,认知、感受、理解、积累、运用、品析、赏鉴、创造这一系列的环节中,每个环节内都包含着对教学内容、教学方法和教学艺术的研究。所以,从研究的内容来讲,我们永远有事可做;在语言教学的研究上,我们不可能"毕其功于一役"。

语言教学实践与创新的基本内容之一,是教师对教材进行语言分析与研究的艺术。即从语言的角度对课文进行梳理、提取、分类、品味、欣赏,从语言的角度利用课文进行教学。

如下面对《在马克思墓前的讲话》语言表达艺术的分析,本身就已经是一个教学方案的雏形:

深沉的哀痛:3月14日下午两点三刻,当代最伟大的思想家停止思想了。让他一个人留在房里还不到两分钟,当我们进去的时候,便发现他在安乐椅上安静地睡着了——但已经永远地睡着了。

深情的评价:这个人的逝世,对于欧美战斗的无产阶级,对于历史科学,都是不可估量的损失。这位巨人逝世以后所形成的空白,不久就会使人感觉到了。

深透的评述：马克思在他所研究的每一个领域，甚至在数学领域，都有独到的发现，这样的领域是很多的，而且其中任何一个领域他都不是浅尝辄止。

　　深刻的评议：正是他第一次使现代无产阶级意识到自身的地位和需要，意识到自身解放的条件。斗争是他的生命要素。很少有人像他那样满腔热情、坚韧不拔和卓有成效地进行斗争。

　　深切的悼念：现在他逝世了，在整个欧洲和美洲，从西伯利亚矿井到加利福尼亚，千百万革命战友无不对他表示尊敬、爱戴和悼念，而我敢大胆地说，他可能有过许多敌人，但未必有一个私敌。

语言教学实践与创新的基本内容之二，是研究、实践语言积累教学的艺术。

关于中学语文的积累教育，我表达过一些观点，如：

- 积累——课堂教学之魂。
- 课堂阅读教学的三要素是：诵读，品析，积累。
- 阅读教学的常规要求是：重文本，重朗读，重品析，重学法，重积累。
- 课堂教学艺术的高层次境界是学生活动充分，课堂积累丰富。
- 初中语文积累教育研究中有一个重点，那就是语言积累的教育与教学。
- 充足的语文积累，有利于每个学生的一生。
- 阅读教学，要充分地关注语言积累教学。
- 中学语言积累教学研究，应该是语文教学研究中最为基础的课题。
- 在语言教学研究中，语言积累教学的研究是管总的。

……

所谓语言积累教学，我们可以从两个方面来看它。第一，在语文的读写教学中让学生习得更多更美的语言，如认识更多的字，记下更多的词，更重要的是成块成段成篇的语言材料的读背识记，它们是语言运用的坚实基础。第二，在学生习得语言的同时，教会学生学到积累语言的方法，学会品味、揣摩、感悟语言和欣赏优美、精彩的语言。

语言积累教学,简而言之,就是在教学中让学生习得语言和积累语言。

进行语言积累教学,在教材的运用与处理上有一个原则,那就是:突出重点,咀嚼英华。其教学内容的精华应是:雅词,佳句,精段,美思,妙文,还有综合性的精美的语言表达模式。为此,教师要善于从语言的角度对课文进行分析,分析课文的句式、段式、篇式,分析课文中语言组合的特点,分析课文中的语言在叙述、描写、说明、议论、抒情中传情达意的技巧。这种分析,就教师而言,进行得越周全越好,进行得越深刻越好,进行得越透彻越好。其主要的教学形式有认读积累,学习运用,分析理解,品味欣赏与朗读背诵等。

语言积累教学的内容与形式并不是单一的或孤立的,它们往往相互组合,在课堂教学中形成学生活动充分的语言教学的板块,仅从雅词的教学来讲,就有认读、理解、记忆、运用、品味等各个层次的教学内容会出现在我们的教学之中。

语言积累教学的资源在于课文。对善于运用课文资源的教师来说,课文在他的眼中就是语言积累的仓库。

如《云南的歌会》"语言积累"的教学元素:

1. 字音

蹲踞　酬和　譬喻　柞木　熹微　淳朴　龙吟凤哕　箍桶　阉鸡　忌讳

2. 四字美词

生面别开　见景生情　即物起兴　贯穿古今　引经据典　哑口无言　悠游自在　若无其事　美妙有情　呼朋唤侣　悦耳好听　晨光熹微　扶摇盘旋　淳朴本色　舒卷张弛　龙吟凤哕　唱和相续　逢年过节　避疫免灾　盛会难逢

3. "事件描述"片段

唱的多是情歌酬和,却有种种不同方式。或见景生情,即物起兴,用各种丰富比喻,比赛机智才能。或用提问题方法,等待对方答解。或互嘲互赞,随事押韵,循环无端。也唱其他故事,贯穿古今,引经据典,当事人照例一本册,滚瓜熟,随口而出。在场的既多内行,开口即见高低,含糊不得。所以不是高手,也不敢轻易搭腔。

4."人物描写"片段

这种年轻女人在昆明附近村子中多的是。性情明朗活泼,劳动手脚勤快,生长得一张黑中透红枣子脸,满口白白的糯米牙,穿了身毛蓝布衣裤,腰间围个钉满小银片扣花葱绿布围裙,脚下穿双云南乡下特有的绣花透孔鞋,油光光辫发盘在头上。

5."景物描写"片段

这条路得通过些果树林、柞木林、竹子林和几个有大半年开满杂花的小山坡。马上一面欣赏土坎边的粉蓝色报春花,在轻和微风里不住点头,总令人疑心那个蓝色竟像是有意模仿天空而成的;一面就听各种山鸟呼朋唤侣,和身边前后三三五五赶马女孩子唱的各种本地悦耳好听山歌。

6."动物描写"片段

最有意思的是云雀,时常从面前不远草丛中起飞,扶摇盘旋而上,一面不住唱歌,向碧蓝天空中钻去。仿佛要一直钻透蓝空。伏在草丛中的云雀群,却带点鼓励意思相互应和。直到穷目力看不见后,忽然又像个小流星一样,用极快速度下坠到草丛中,和其他同伴会合,于是另外几只云雀又接着起飞。

7."场面描写"片段

有一次,由村子里人发起,到时候住处院子两楼和那道长长屋廊下,集合了乡村男女老幼百多人,六人围坐一矮方桌,足足坐满了三十来张矮方桌,每桌各自轮流低声唱《十二月花》,和其他本地好听曲子。声音虽极其轻柔,合起来却如一片松涛,在微风摇荡中舒卷张弛不定,有点龙吟凤哕意味。

仅仅只是一篇课文,就有这样丰富的语言积累教学的资源。这样的资源采撷,往往让我们叹为观止。

语言教学实践与创新的基本内容之三,是教师实施语言教学的艺术。即教材处理的艺术,教学活动设计的艺术,教学手法运用的艺术。

所谓语言教学的艺术,就是科学地、生动地、高效地进行语言教学的思路、方法和手段。语言教学不是孤立地识字认词的教学,不是枯燥机械的读背教学，不是肢解课文式的讲析教学，它需要我们细心分析，耐心策划，精心运筹，将语言教学融于课文的整体教学之中，在具体的语境中让学生增加积累，学会运用，学到品析与鉴赏的技法。

语言教学的手法多姿多彩，语言教学的角度也同样丰富。我们可以从如下方面进行切实的语言教学和对学生进行到位的语言训练：

1. 从专项突破的角度进行语言教学。如"多角度理解词语的表达作用"。

2. 从系统训练的角度进行语言教学。如"欣赏语言优美的句段""欣赏形式优美的句段""欣赏手法特别的句段""欣赏意境优美的句段""欣赏内涵丰富的句段"等。

3. 从学法点拨的角度进行语言教学。如"指导学生学会感受课文语言所表达的思想感情""引导学生学会从课文中找出感受最深的句子或段落""教学生学会体会文章中的句子的深层含义"等。

4. 从集聚精华的角度进行语言教学。如"忆读式美句积累"等。

5. 从语言实践的角度进行语言教学。如"朗读吟诵""句段读写""课文集美"等。

6. 从课中活动的角度进行语言教学。如"整理性语言学习活动""读背性语言学习活动""练习性语言学习活动""品析性语言学习活动""鉴赏性语言学习活动"等。

将上述策划变为教学行为，要讲究突出重点、咀嚼精华、自然灵活、优美实惠，也就是要科学而又艺术，要有一定的教学品位。

下面再说说语言教学创新设计的角度问题。

从日常教学看，语言教学最基础、最朴实的方法是诵读记背，最自然、最常用的方法是读写结合。语言教学的创新设计，从普遍的语文教学来看，可以以"读写结合"为最佳切入口。诸如成语接龙、美句摘抄、提纲罗列、内容概述、人物素描、仿写学用、补说续接、原文改写、想象创编、读后随感、写法实践、自由表达、信息整合、作品评论、活动记录、定向探究、理由论证等，都是常用的好方法。

也有更为美妙的创意。"课文集美"就是一种。它通过学生创造性的劳动，含英咀华，将美好课文中更美的内容浓缩、聚合，使学生在品评体味的同时，学习、积累语言的精华。

如人教版七年级上册《紫藤萝瀑布》的"课文集美"活动：

活动时间：安排在课文教学的后半部。

活动内容：同学们分组活动，从课文中找句子，用"集聚美句"的方式创编一份课文背读材料。

下面就是这份很美的背读材料，它集中了课文中最美的句子，成为一篇微型美文：

从未见过开得这样盛的藤萝，只见一片辉煌的淡紫色，像一条瀑布，从空中垂下，仿佛在流动，在欢笑，在不停地生长。紫色的大条幅上，泛着点点银光，就像迸溅的水花。每一穗花都是上面的盛开、下面的待放。每一朵盛开的花像是一个张满了的小小的帆，帆下带着尖底的舱。船舱鼓鼓的，又像一个忍俊不禁的笑容，就要绽开似的。我抚摸了一下那小小的紫色的花舱，那里满装生命的酒酿，它张满了帆，在这闪光的花的河流上航行。

这里除了光彩，还有淡淡的芳香，香气似乎也是浅紫色的，梦幻一般轻轻地笼罩着我。

我伫立凝望，觉得这一条紫藤萝瀑布不只在我眼前，也在我心上缓缓流过：生命的长河，是无止境的……

"多向假设"也是一种——就课文内容进行多次、多方向的"假设"，构成课堂读写教学的主要内容，既让学生进行语言实践练习，又引导学生从更多更为有趣的角度来理解文章内容。

如人教版八年级下册汪曾祺《端午的鸭蛋》的"多向假设"式读写活动：

1. 假如你向大家推荐《端午的鸭蛋》，请写一篇课文简介；
2. 假如你是课文中的小朋友，请介绍你记忆中的美好端午；
3. 假如你是课文中的一位长辈，请向孩子们介绍端午节的美食；
4. 假如你是课文里面孩子的一员，请说说你的"鸭蛋络子"；
5. 假如你是课文中的小朋友，请你介绍放"黄烟子"的乐趣；
6. 假如你是当地的厨师，请你给旅游的客人介绍咸鸭蛋的吃法……

"句段读写"也是一种——以课文的"段"为例子，在"读与写"的活动中，既阅读课文、理解课文、品析课文，又进行写句构段的语言基本功的训练。

如《大自然的语言》的第一段的"句段读写"训练：

> 立春过后，大地渐渐从沉睡中苏醒过来。冰雪融化，草木萌发，各种花次第开放。再过两个月，燕子翩然归来。不久，布谷鸟也来了。于是转入炎热的夏季，这是植物孕育果实的时期。到了秋天，果实成熟，植物的叶子渐渐变黄，在秋风中簌簌地落下来。北雁南飞，活跃在田间草际的昆虫也都销声匿迹。到处呈现一片衰草连天的景象，准备迎接风雪载途的寒冬。在地球上温带和亚热带区域里，年年如是，周而复始。

话题一：品析这一段文字语言的表现力。

话题二：分析这段文字在全文中的作用。

话题三：理解这段文章的结构特点并进行仿写学用。

"词句品析"同样是一种——在教师示范的前提下，学生或独立地或合作地对课文中的词句进行评点，进行赏析。这是高层次的精细的读写活动，给人一种极为美好的感觉。

如对《爱莲说》名句的欣赏：

> 予独爱莲之出淤泥而不染，濯清涟而不妖，中通外直，不蔓不枝，香远益清，亭亭净植，可远观而不可亵玩焉。
>
> 作者写物喻人，托物寄意，表现了自己心中君子的理想人格。
>
> "出淤泥而不染"指君子洁身自爱，"濯清涟而不妖"指不媚世随俗，"中通外直"指内心通达、行为正直，"不蔓不枝"指不攀附他人，"香远益清，亭亭净植"写美德远播，卓然傲世，"可远观而不可亵玩焉"指君子高洁的人格令人景仰，不容亵渎。
>
> 全句表现出文学的美，形象的美，品格的美，手法的美，抒情的美。

"文学欣赏"同样是一种——从小说、散文、诗歌表达手法的角度，对学生进行文学欣赏的训练。这种训练直击学生能力最弱的地方，同时能够大大提升学生的欣赏能力。

如《社戏》的教学片段：

品析话题：欣赏下面文字，以"我读出了小说的味道"为标题，写一段100字以内的文字。

范文：

我读出了小说的味道

　　我的很重的心忽而轻松了，身体也似乎舒展到说不出的大。一出门，便望见月下的平桥内泊着一支白篷的航船，大家跳下船，双喜拔前篙，阿发拔后篙，年幼的都陪我坐在舱中，较大的聚在船尾。母亲送出来吩咐"要小心"的时候，我们已经点开船，在桥石上一磕，退后几尺，即又上前出了桥。于是架起两支橹，一支两人，一里一换，有说笑的，有嚷的，夹着潺潺的船头激水的声音，在左右都是碧绿的豆麦田地的河流中，飞一般径向赵庄前进了。

　　……

　　从教学形式看，以上几种方式融阅读、写作、思维训练于一体，学生的语言训练活动非常丰富。教材作为教学中的例子，不仅为学生的阅读理解提供了一个范本，同时也为学生的语言训练提供了一个取之不尽的聚宝盆。

　　上述内容的教学过程，基本上是一种无提问式的教学过程，学习的时间主要由学生支配，教学线条简单明晰。又由于读写要结合，所以学生能够占有大量时间，课堂活动充分，语言训练扎实。

　　在这样的教学中，有时一个别出心裁的教学设计、一个一语中的的精彩说法，会让学生经久难忘。

　　这就是创新的魅力。

30. 教学细节的创新

教学细节，指的是教学中的细小环节以及其中的教学活动。课堂中的感知、朗读、提问、讨论、板书等具体环节也是细节。可以说，研究一节课的设计，主要是在研究如何艺术地设计教学细节。

教学细节的创新设计，主要表现在设计的实用性、精巧性、活动性、训练性和趣味性上。结合具体的语境教学，在这五个方面细心揣摩，反复斟酌，从有利于学生学习的角度去思考，我们就能在设计出雅致的课堂教学细节方面有所收获。

如，设计"巧作铺垫"的教学细节——《记承天寺夜游》开讲时的"精选材料"与"厚重铺垫"：

师：我们看屏幕，把这则资料读一下。

（屏幕显示资料一：苏轼（1037~1101），北宋著名文学家、书画家，"唐宋八大家"之一。字子瞻，号东坡居士，四川眉山人。）

师：这则资料告诉我们，作者在中国文学史上的地位。

（屏幕显示资料二：元丰二年（1079），苏轼因"乌台诗案"获罪入狱，随后被流放至湖北黄州。）

师：这则资料告诉我们，作者在他的中年时代所遭受到的一次诬陷和被捕入狱，然后被贬谪的经历。

（屏幕显示资料三：在黄州，他写出了四篇他笔下最精彩的作品。一首词《赤壁怀古》，两篇月夜泛舟的前、后《赤壁赋》，一篇《记承天寺夜游》。单以能写出这些绝世妙文，仇家因羡生妒，把他关入监狱也不无道理。）

师：这是大学者林语堂在《苏东坡传》里的一段话。说的是苏东坡在贬谪期间，写的作品里面有4篇是绝世妙文。我们今天学习的短短的《记承天寺夜游》就是其中的一篇。

(屏幕显示资料四：有一种画轴，静静垂于厅堂之侧，以自己特有的淡雅、高洁，惹人喜爱。在我国古典文学宝库中，就垂着这样两轴精品：苏东坡的《记承天寺夜游》和张岱的《湖心亭看雪》。)

师：这是作家、学者梁衡先生的评价。"两轴精品"都在我们这一册书里。在学术界，人们认为《记承天寺夜游》是神品（老师板书：神品）。这么容易懂的课文，神在哪里？那么这节课，就让我们好好地来品味它。

……

这里的"精选材料，厚重铺垫"讲究的是"材料"的学术性、文献性。于教学而言，它们显得高雅、庄重，细腻，有用。于教师的备课而言，则提出了很高的关于教学资料积累方面的要求。

如，设计"字词积累"的教学细节——《〈论语〉十则》第四个教学板块，教师下发印有"分类式整理练习"的白纸，学生按白纸上安排好了的类别整理课堂笔记。下课之前，同座同学互相交换、检查。

1. 在"成语"类记下：
学而不厌　诲人不倦　温故知新　不耻下问　三人行必有我师
2. 在"名言警句"类记下：
不耻下问　三人行必有我师　学而不厌　敏而好学　知之为知之，不知为不知（用于学习态度）
学而时习之　温故而知新　默而识之　知之者不如好之者，好之者不如乐之者（用于学习方法）
人不知而不愠　三人行必有我师（用于思想修养）
学而不思则罔，思而不学则殆（用于思想方法）
逝者如斯夫，不舍昼夜（用于人生感悟）
有朋自远方来，不亦乐乎（用于日常生活）

这种设计巧用课文，着眼于语言的积累、着眼于识记、着眼于理解，既落实了知识，积累了语料，又训练了思维。

如，设计"朗诵训练"的教学细节——《天上的街市》的第一个教学板块：

师：第一，读诗，我们要表现出诗的音乐美，第一要素是把节奏读好。

（教师示范读第一段，指出：诗句中按音节或意义有规律的短暂停顿叫作节奏）

（同学们自由朗读、体味）

师：第二，节奏读好之后，要注意读好诗中较大的停顿，如"我想""不信""你看"。

（教师示范读，指出：为了突出语意或情感而作的较大的朗读间歇叫作停顿）

（同学们齐读全诗，读好诗中的停顿）

师：第三，诗是抒情味最浓的一种文学体裁，必须读得抑扬顿挫，而且关键是要把重音读出来。为了表达思想感情，有些词语的"音"要读得重些，这就是重音。

（教师示范读第二段，全班齐读第二段）

师：第四，还有一个要求，就是要把诗的韵脚读好。诗是讲究押韵的。什么是押韵？诗句中用韵母相同或相近的字结尾，就叫作押韵。本诗隔行押韵，每节换韵。

（全班齐读）

这是很精致的朗读训练的细节设计，步骤清晰、层次分明、步步到位、渐次推进、细腻扎实。

如设计"片段精读"的教学细节——《济南的冬天》第三个教学环节的语言教学：

最妙的是下点小雪呀。看吧，山上的矮松越发的青黑，树尖上顶着一髻儿白花，好像日本看护妇。山尖全白了，给蓝天镶上一道银边。山坡上，有的地方雪厚点，有的地方草色还露着；这样，一道儿白，一道儿暗黄，给山们穿上一件带水纹的花衣；看着看着，这件花衣好像被风儿吹动，叫你希望看见一点更美的山的肌肤。等到快日落的时候，微黄的阳光斜射在山腰上，那点薄雪好像忽然害了羞，微微露出点粉色。就是下小雪吧，济南是受不住大雪的，那些小山太秀气！

1. 朗读课文，要求读出轻重。
2. 朗读课文，要求读好（层次）停顿。
3. 朗读课文，要求读出语气。
4. 语言欣赏练习。

对这一段的精读，有如下方面的内容需要欣赏品味，请同学们自由选择，回答问题。

1. 全段写"小雪"之美妙，主要通过其他的景物来进行烘托，这些景物是_____
2. 文中的动词用得好，如_____
3. 文中的色彩词用得好，如_____
4. 文中把小雪后的济南"当作"什么来写呢？
5. 文中运用了"化静为动"的写法吗？
6. 文中哪些词语表达了作者"爱"的情感呢？

教学进行到这里，充分利用课文，对学生进行细读训练，可谓"笔笔到位"，训练的内容都与阅读分析能力有关。

如，设计"微型写作"的细节——《沁园春·雪》中的"联语写作"：

教师示例：理解这首词的文意，可以用"联语"的方式来进行。

写景，纵横千万里，大气磅礴，旷达豪迈；
议论，上下几千年，气雄万古，风流豪壮。

请同学们用"联语"写作的方式，概说课文内容，并写作、交流：

上阕写景，情景交融；下阕议论，评古论今。
上阕写景，画面壮美；下阕议论，气势恢宏。
上阕写景，洋溢着热烈奔放的情感；
下阕议论，展现出前无古人的气概。
上阕描写无边雪景，展现山河的壮丽；
下阕纵论历代帝王，抒发诗人的豪情。
上阕写景，侧重写空间，展现了北国冬景奇雄壮丽的画卷；
下阕议论，侧重写时间，表现了俯仰古今豪情满怀的气概。
……

这次写作活动安排在课文内容的理解阶段，要求学生用联语写作的方式对课文的内容进行概括，既训练了学生的能力，又暗合了"沁园春"这种词牌的写作中对称句较多的特点。

如，设计"课中比读"的教学细节——《岳阳楼记》"板块比读"教学创意：

> 请同学们自选角度，对下面两个描写段进行比读欣赏。
>
> 若夫霪雨霏霏，连月不开，阴风怒号，浊浪排空；日星隐耀，山岳潜形；商旅不行，樯倾楫摧；薄暮冥冥，虎啸猿啼。登斯楼也，则有去国怀乡，忧谗畏讥，满目萧然，感极而悲者矣。
>
> 至若春和景明，波澜不惊，上下天光，一碧万顷；沙鸥翔集，锦鳞游泳；岸芷汀兰，郁郁青青。而或长烟一空，皓月千里，浮光跃金，静影沉璧，渔歌互答，此乐何及！登斯楼也，则有心旷神怡，宠辱偕忘，把酒临风，其喜洋洋者矣。
>
> 师生交流的内容可能有：这是两个写景段、排比段、骈偶段；两段都运用了绘景、绘形、绘声的写法；两段都是先写景，后写情，情景交融；两段都是由景及情，都表现出意境的美；两段文字都用"登斯楼也"表现出明显的层次；两段文字的内容一暗一明，一阴一晴，一悲一喜；两段文字辞彩华美，音韵和谐。前段写霪雨霏霏、凄凉阴森的秋景，后段写风光明媚、恬静愉快的春景；前段写"浊浪排空"，后段写"波澜不惊"；前段写"日星隐耀"，后段写"皓月千里"；前段写"虎啸猿啼"，后段写"渔歌互答"。前段文字极力渲染"悲"的情感，后段文字极力渲染"喜"的气氛；前段写"因己而悲"，后段写"因物而喜"。
>
> 教师小结：没有这两段精彩的文字，无法回答上文的"览物之情，得无异乎"；没有这两段生动的描绘，无法引申下文流传千古的议论。它们，是为作者真正要说的话服务的。

"课中比读"的特点就是反复品读，由此而品析细腻，让学生把欣赏的眼光深入到了课文中的每一个角落、每一个细部。

如，设计"诗意讲析"的教学细节——《我愿意是急流》的讲析片段。在"美美地品析"这个教学步骤中，教师小结了学生的发言，并就这首诗的意象之美、意境之美、意蕴之美进行了诗意讲析：

> 什么是意境？意境就是意象的精心组合中蕴含着的作者思想感情的艺术境界。如《沁园春·长沙》意境崇高壮美；《登鹳雀楼》意境开阔；《再别康桥》意境柔美；《声声慢》意境凄美；《石壕吏》意境深沉；《十一月四日风雨大作》意境悲壮；《天净沙·秋思》意境凄婉……而《我愿意是急流》通过多组意象的铺陈，情感真率，一唱三叹，表现出的是一种优美清新的艺术境界。

这样一种讲析意境开朗，生动简明。它能够在细节的设计上给我们这样的启迪：教师的讲，要在关键之处绽出美丽的火花，要显山露水；知识的厚度是教师讲析的第一要素。

下面我们来感受《假如生活欺骗了你》教学设计中的细节之美。

《假如生活欺骗了你》教学创意

一、教学内容

1. 学习《假如生活欺骗了你》等诗歌。
2. 从诗歌的学习中领悟做人的道理。

二、课型与课时

1. 课型：朗读体味课。
2. 课时：一节课。

三、教学创意

1. 运用情境式手法——序曲；第一乐章；第二乐章；第三乐章。
2. 运用联读式手法——假如生活欺骗了你；假如你欺骗了生活；假如生活重新开头；……
3. 运用写读式手法——让学生在课堂上写几句小诗。

四、教学过程

1. 序曲

（1）介绍作家作品。

（2）进行教学铺垫。

2. 第一乐章：《假如生活欺骗了你》

假如生活欺骗了你
普希金

假如生活欺骗了你，
不要悲伤，不要心急！
忧郁的日子里需要镇静：
相信吧，快乐的日子将会来临。

心儿永远向往着未来；
现在却常是忧郁。
一切都是瞬息，
一切都将会过去；
而那过去了的，
就会成为亲切的怀恋。

(1) 自由朗诵。

(2) 自由背读。

(3) 抒发感受。（话题：我从这首诗的字里行间感受到的……）

(4) 教师讲析：读这首诗，要很好地理解"欺骗"的含义。"欺骗"可以广义地理解为"生活给人们的打击"：如被人欺骗、被人欺侮、命运不公、生活艰难、病痛严重；如失学、失恋、失事、破产；如饱受挫折、理想破灭、灾难突降、命运陡转等。生活欺骗了你，就是生活打击了你。

(5) 教师小结：这首诗，给我们的启迪是要乐观坚强。

3. 第二乐章：《假如你欺骗了生活》

假如你欺骗了生活
宫玺

假如你欺骗了生活
以为神鬼不知，心安理得
且慢，生活并没有到此为止
有一天，它会教你向它认错
大地的心是诚实的

孩子的眼睛是诚实的

人生只有一步一个脚印

才会有无憾的付出无愧的收获

（1）过渡：这也是一首说理的短诗。

（2）朗读这首诗。

（3）讨论：读这首诗要重点理解哪两个词的含义？

（4）自由讨论，发言。

（5）教师将话题引向对"欺骗""诚实"两个词含义的理解。

（6）教师讲析：读这首诗，重点要理解诗中"欺骗""诚实"两个词的含义。我们欺骗生活，小而言之，是对生活不诚实，对青春不诚实，自暴自弃，说谎逃学，抽烟喝酒，小偷小摸，屡做坏事，无节制地上网……从这个角度来说，我们应该学会脸红，应该"吾日三省吾身"应该用诚实来收获自己的幸福……

（7）教师小结：这首诗，给我们的启迪是要诚实执着。

4. 第三乐章：《假如生活重新开头》

（1）过渡：假如生活欺骗了你，或者假如你欺骗了生活，在这风雨之后一定会开始新的生活。那么，假如生活重新开头，我们该怎样开始新的生活，请大家以"假如生活重新开头"为第一句，写上几句说理诗。

（2）学生课堂写作。

（3）学生课堂朗诵自己的诗作。

（4）教师评点。

5. 尾声：教师诗意地进行小结

"假如"是一个好词，它让我们有了再一次选择的机会。但是，生活是不存在"假如"的，生活永远是真实的。可为什么还要说"假如"呢？这是前人对后人说的话，这是我们对生活的波澜有了深切感受之后的话，这些话提醒我们要珍视青春，珍视生命，珍视生活。

这个教学设计的魅力在于它的得体的手法和丰富的细节。

美好的细节表现在"联读"：《假如生活欺骗了你》联读了《假如你欺骗了生活》，联写了《假如生活重新开头》，可谓创意精妙，情趣盎然。

美好的细节表现在"情景":"序曲""第一乐章""第二乐章""第三乐章""尾声"的巧妙设计,让学生的阅读生活多姿多彩,富有情趣。

美好的细节表现在"朗读":自由朗诵、自由背读、朗读作家的诗、朗读自己的诗,朗读几乎作为一条教学线索贯串于整节课的教学之中。

美好的细节表现在"写作":同学们以"假如生活重新开头"这一句话领起,每人都写几句说理诗,抒发自己对生活的感悟与感受。

当然,"讲析"的细节之美也是存在于其中的。

这些教学细节的综合运用,都为了一个共同的目的,那就是让学生更优雅地、更投入地在充分的实践活动中学习、品味、学用祖国的语言文字。

"教学细节"是多类别、多角度的,有无数的未知境界需要我们探究。其设计的优美流畅需要四个方面的背景:教师的教学理念,教师研读教材的水平,教师的教学技艺及对语文专业报刊的阅读视野。只有这四者综合地体现在教师的身上,才能够真正设计出精美生动的教学细节。

31. 朗读教学的创新

　　朗读，语文阅读课常用的一种基本的语文实践活动形式。

　　朗读，一般解释为：用清晰响亮的声音诵读。从教学的角度看，这样的定义还不足以表现朗读的魅力。朗读不只是出声地"念书"，朗读也不只是"大声"地"读起来"。

　　朗读，是进行语音、语调、语速、语气等方面的技能训练和普通话训练的语文学习活动。

　　朗读，是认知文字、感受声律、体味词句、领会情感、品味意境的语文实践活动。

　　朗读，是进行语言熏陶的一种学习方法，朗读功力扎实的人的语言表达一定比其他人更好。

　　朗读，是讲求语音准确、语流顺畅的充满诗意的文学活动。

　　朗读，是用声音来传达作品内蕴的丰富细腻的情感活动。

　　朗读，是用心来揣摩、用情来传达的表达艺术，是体味作品的艺术，是欣赏词句的艺术，是调动情感的艺术，是拨动心弦的艺术。

　　朗读，对学生进行着审美熏陶，进行着情感陶冶，进行着气质培养。

　　朗读，能让每一位学生放飞思绪、张扬青春、快乐心境。

　　朗读教学，既是语感的、技能的，又是审美的。日常教学中，没有朗读的语文课很难说是最美的语文课。

　　朗读，是阅读教学的一种基本课型，是阅读教学过程中一条常用的教学线索，也是一种灵动多姿的教学细节。成功的朗读教学一定是层次细腻，过程生动，形式活泼。

　　……

　　总的来说，目前中学语文朗读教学的研究及其实践都是滞后的。这种滞后，是相对于课文阅读教学中分析理解、字词落实、质疑探究、品味欣赏等各个环节来说的。人们普遍认为，教学中不能没有上述这些教学环节，但可以没有"朗读"。人们很多年前就呼吁的"还我琅琅读书声"，目前仍在"还"字上徘徊。而真正来讲，"还我琅琅读书声"只是一种层次不高的教学要求。在课程改革的背景下，在中青年语文教师成为教学主流的环境中，更要"追求朗读教学的诗意美"。

朗读教学一定是重视文本的，一定非常关注课文内容的诵读品析，在这里决然看不到淡化文本、脱离文本的做法。朗读教学也一定是重视学生的，一定需要着力突出学生的阅读感受、阅读品味、阅读欣赏等语文实践活动。

能用普通话正确、流利、有感情地朗读课文，是朗读的总要求。

各个学段的阅读教学都要重视朗读和默读。

注意加强对学生平日诵读的评价，鼓励学生多诵读，在诵读实践中增加积累，发展语感，加深体验与领悟。

评价学生的朗读，可从语音、语调和感情等方面进行综合考察。

（摘自《义务教育语文课程标准》）

课标的说法，是关于朗读的教学要求。在落实这种教学要求时，我们要追求教学设计的诗意手法。

设计朗读教学，要富有诗意，要具有美感；指导朗读，要灵动多姿。如果在我们的教学中只是单一地让学生"读"起来而没有进行朗读指导，这样的朗读训练，可能只能教会学生"念书"。所以，我们要力求用创新的手法来引领这诗意的课中活动。

诗意朗读的设计思路之一：小步轻迈，层次细腻。

运用这种设计思路，可以将朗读技能训练的某项内容进行切分，一步一步地向前推进；也可以从不同角度让学生对课文进行细腻的情感感受。

请看下面苏教版七年级的一篇课文——《七颗钻石》。

七颗钻石

很久很久以前，在地球上发生过一次大旱灾：所有的河流和水井都干涸了，草木丛林也都干枯了，许多人及动物都焦渴而死。

一天夜里，一个小姑娘拿着水罐走出家门，为她生病的母亲去找水。小姑娘哪儿也找不到水，累得倒在草地上睡着了。当她醒来的时候，拿起罐子一看，罐子里竟装满了清亮新鲜的水。小姑娘喜出望外，真想喝个够，但又一想，这些水给妈妈还不够呢，就赶紧抱着水罐跑回家去。她匆匆忙忙，没有注意到脚底下有一条狗，一下子绊倒在它身上，水罐也掉在了地下。小狗哀哀地尖叫起来。小姑娘赶紧去捡水罐。

她以为，水一定都洒了，但是没有，罐子端端正正地在地上放着，罐子里的水还满满的。小姑娘把水倒在手掌里一点，小狗把它舔净了，变得欢喜起来。当小姑娘再拿水罐时，木头做的水罐竟变成了银的。小姑娘把水罐带回家，交给了母亲。母亲说："我反正就要死了，还是你自己喝吧。"又把水罐递给小姑娘。就在这一瞬间，水罐又从银的变成了金的。这时，小姑娘再也忍不住，正想凑上水罐去喝的时候，突然从门外走进来一个过路人，要讨水喝。

小姑娘咽了一口唾沫，把水罐递给了这过路人。这时，突然从水罐里跳出了七颗很大的钻石，接着从里面涌出了一股巨大的清澈而新鲜的水流。

而那七颗钻石越升越高，升到了天上，变成了七颗星星，这就是人们所说的大熊星座。

在教学中可指导学生这样来朗读：
第一次读，用童声来读，语速要舒缓，语调要清新。
第二次读，带着表情朗读，语音要甜美。
第三次读，要有给孩子们讲故事的韵味。
第四次读，用突出重音的方式，用上扬的语调，读好故事中的几次"变"。
第五次读，用表演式朗读，来表达出我们被可爱的小姑娘感动了。

这样的朗读指导比较准确地把握了初一学生的年龄特点，利用了课文的文体特点，教学立意有一定的高度且角度比较新颖，给学生一种渐入佳境的朗读感觉。

诗意朗读的设计思路之二：角度精细，过程生动。

这里的"角度精细"也含有"小步轻迈"的意思，也是要求在步骤细腻的朗读之中让学生从不同的角度来理解课文中的情与景、人与事、理与趣、叙与议等。

下面《口技》一课的朗读教学流程设计比上例更为精细一点。它不仅关照到朗读步骤的问题，而且关照到对课文的分步处理的问题，还关照到师生共同活动的问题。每一次的朗读要求都有它的"表达目的"。

第一次读，要读得流畅响亮。人人出声，读得沸沸扬扬，以形成课堂气氛并初步感知课文。

第二次读，要读得字正腔圆。主要训练朗读第一段，教师示范，学生学读。这里的"字正腔圆"主要用于表现文中的气氛，为全文的朗读定下一个基调。

第三次读，要读得层次分明。从理解段落层次的角度训练朗读第二、三段，同时训练学生的段落分析能力。

第四次读，要读得有情有境。朗读第三、四段，老师示范，同学们体味文中情境并通过自己的朗读将其表达出来。

第五次读，要读得有急有缓。这里重点朗读第四段，先急后缓，读出文中情景，读出段中层次。

上述朗读教学要求具体，层次明朗，覆盖周全，活动充分；加上形式的变化与调控手法的运用，场面的活泼可以想见。

诗意朗读的设计思路之三：有引有读，重点突出。

所谓"引"，就是教师以"主持人"的身份出现，有意地"引导"学生朗读课文中最精彩或者最重要的内容，同时略去对课文中其他内容的朗读，这样就形成了一种连贯地"跳读"的课中情境。请见我在《鹤群翔空》的教学实录片段：

师：同学们，咱们先把课文读起来。课文这样读：老师当主持人，把你们的朗读串起来。好，开始了。

师：（当主持人串读）"南侧群山的上空深处，浮现出一排黑芝麻粒般小斑点"，鹤群映入了我的眼帘。请大家开始读第3段。读这一段要注意，有些字音要咬准，你们看，"这些鹤都是灰白色的，它们一律将长颈伸向前方，双足向后方笔直延伸，悠然翱翔太空的美姿，实在是无可言喻。""一律""笔直""实在"这些重音要读好，这幅很美的画面，要通过重音把它表现出来。好，请读。

（生齐读第3段）

师：读快了一点，重音读得还不够。继续往下看，可能是由于山太高了吧，鹤群在那里转弯了，改变了飞行的方向，它们这时候飞行的景观是多么的壮丽呀！请读第8段、第9段。读这两段要注意处理好停顿，你们看，"这种景观多么壮丽啊！"后面一定要停一下。为什么？后面的句子都是来解说"壮丽"的。因此，"壮丽"这个地方是一个中心句，在这里要停顿一下。好，开始读。

（生齐读第8、9段）

师：但是，生活的平静被打破了，一只苍鹰"飔"的一下以极快的速度插到鹤群之中，

一场鹤与鹰的激战在长空展开。下面读13、14、15、16段。注意要读出速度，表现战斗的激烈。好，开始读。

（生齐读第13~16段）

师：鹰逃走了，留下了一只伤鹤，那么后面是怎么回事呢？下面读第21、22、23三段。这里要读出情感，你就像那只大鹤来救死扶伤。好，开始读。

（生齐读第21、22、23段）

师：刚才咱们读的是课文中最精美的部分！

"有引有读"的教学设计思路最大的优点就是能够艺术地处理比较长的课文，同时形成课堂上波澜起伏的朗读场景，师生的活动都很专注。

诗意朗读的设计思路之四：读中有析，动脑动口。

即在朗读训练的过程中，教师巧妙地设计，精细地点拨，引导学生在朗读过程中完成对课文内容的分析、理解和鉴赏，既简化教师的讲析，又增加思维训练的力度。

这种教学设计的思路不仅强调朗读，而且巧妙地在朗读中增加学生感悟分析活动，因而这种设计及教学过程不仅表现出一种立体的、错综的美感，还表现出一种高效率的教学设计艺术。

如《白杨礼赞》下面这一段的朗读教学设计：

那是力争上游的一种树，笔直的干，笔直的枝。它的干通常是丈把高，像加过人工似的，一丈以内绝无旁枝。它所有的丫枝一律向上，而且紧紧靠拢，也像加过人工似的，成为一束，绝不旁逸斜出。

它的宽大的叶子也是片片向上，几乎没有斜生的，更不用说倒垂了。它的皮光滑而有银色的晕圈，微微泛出淡青色。这是虽在北方风雪的压迫下却保持着倔强挺立的一种树。哪怕只有碗那样粗细，它却努力向上发展，高到丈许，两丈，参天耸立，不折不挠，对抗着西北风。

师：这一段可以划分为两大层次。请同学们在"悟"的基础之上读出课文的层次。女同学读第一个层次，男同学读第二个层次。

（同学们朗读。教师点拨：第一个层次是写白杨的形态之美，第二个层次是写白杨的精神之美。前者是"实"，后者是"虚"。）

师：这一段中的第一层次有总说与分说，请同学们读第一个层次的内容，要求在总说与分说之间进行一个节拍的停顿。

（学生朗读全段，体会段中更为细腻的层次）

师：这段文字的第一层次主要在句子的限制语上表达作者的赞美之情，试读出它们的重音。

（学生自由朗读，细细品味）

师：这段文字的第二层次主要在句子成分的增加上表达作者的赞美之情，试读出它们的激情。

（学生个别诵读，反复尝试）

师：这段文字中有几个词写出了白杨的形象与性格，请同学们试将它们朗读出来。

（学生读出：力争上游，倔强挺立，参天耸立，不折不挠）

师：你们看，大家在朗读之中就读好了课文，读懂了课文，现在请大家自由朗读课文，回味一下，看这样的朗读过程对自己有怎样的帮助。

（学生动情地朗读）

……

在朗读中带出分析；在朗读中让学生不但动口，更要动脑；在朗读中让学生进行揣摩体味。这就是教学设计艺术所带来的艺术氛围。

诗意朗读的设计思路之五：听读结合，形式活泼。

即既有朗读训练的要求，又有听读方面的要求。这样的设计主要是优化教学节奏，丰富学习内容。

如学习爱情诗《我愿意是急流》。这节课的上法是：美美地听、美美地读、美美地品、美美地说。

第一个教学板块：美美地听。

师：请同学们听读课文一遍，听的时候要想象诗中的"画面"。

师：请同学们再听读课文一遍，听的时候要理解诗中的"意象"。

师：请同学们第三遍听读课文，听的时候要感受诗中的"真情"，同时要轻声地跟读。

（过渡）

第二个教学板块：美美地读。

下面请同学自己朗读三遍：第一遍，重在整体感受，注意语音（饱满，圆润）；第二遍，重在体味情感，注意语流（节奏、停顿、快慢）；第三遍，重在进入情境，注意语气（轻重抑扬，抒情性）。

1. 请同学们先试读首尾两段。
2. 请同学们在音乐声中朗读全诗。

……

这样的教学过程表现出听中有读、读中有听、听听读读、熏陶感染的特点，学生活动充分，教学过程细腻。

诗意朗读的设计思路之六：酿造氛围，激动心灵。

这是更高层次要求的朗读训练，即有意诗化朗读时的情景，让学生在一种浓郁的、富有诗情画意的环境中进行朗读。

如冰心《纸船》的又一种课堂朗读活动的设想：

1. 请同学们朗读课文，体味文中情感。
2. 请用"内心独白"的方式自由朗读课文。
3. 请带着"轻声倾诉"的方式自由朗读课文，看谁最能传达出诗的情感。
4. 全班同学用"深情演读"的形式朗读课文。
5. 请同学们进行朗读方案设计，形成朗读方案，进行集体诵读：

（女领）我从不肯妄弃了一张纸，
　　　　总是留着——留着，
（女合）叠成一只一只很小的船儿，

（男领）有的被天风吹卷到舟中的窗里，
（男合）有的被海浪打湿，沾在船头上。
（女领）我仍是不灰心的每天的叠着，
（全班）总希望有一只能流到我要他到的地方去。
（女领）母亲，倘若你梦中看见一只很小的白船儿，
　　　　不要惊讶他无端入梦。
（女合）这是你至爱的女儿含着泪叠的，
　　　　万水千山，求他载着她的爱和悲哀归去。
（全班）这是你至爱的女儿含着泪叠的，
　　　　万水千山，求他载着她的爱和悲哀归去。

这里的氛围从"内心独白"式朗读开始形成，从"轻声倾诉"式到"深情演读"式，情感氛围逐步浓郁，朗读过程显得时间长、角度精、体味深、形式美，支撑起一个实实在在的感受、体验、诵读的学习板块。

值得一提的是，朗读在日常教学中一般以两种风格出现：一种是朴素的，不借助其他手段的朗读；一种是华美的，借用了媒体手段的朗读。所以人们普遍以为这种"借用了媒体手段的朗读"是创新。

其实朗读教学有着更为高远的创新境界。如：我们可将朗读作为一种课型来设计，可将朗读作为一种教学线索来设计，可将朗读作为一种欣赏过程来设计，可将朗读作为一种教材处理的手法来设计，可将朗读作为一种信息提取的活动来设计，等等。

32. 教学方案的创新

教案是什么？教案，简言之，是教师根据教学内容策划的一种教学安排。

教案的创新设计不仅要求教师有现代化的教学理念，还要求教师有丰富的实践经验；不仅要求教师有一定的教学技巧，还要求教师有精细深刻的研读教材的能力。从教案创新设计本身来讲，我们应多角度、多层面、理性地思考体味下面一些问题：

1. 教学设计的基本指导思想是"让学生在大量的语文实践中学习运用语文的规律"。

2. 教学设计要充分体现"诵读，品析，积累，运用"等语文课堂的教学要素。

3. 教学设计要力求做到"课型新颖，思路清晰，提问精粹，品读细腻，活动充分，积累丰富"。

4. 教学方案的美学境界是"简化，优化，美化"。

阅读教学方案创新的角度与内容实在是丰富多彩。如：

1. 从"板块式教学思路"的角度进行创新设计；

2. 从"线索式教学思路"的角度进行创新设计；

3. 从"选点式教学思路"的角度进行创新设计；

4. 从"主问题引领"的角度进行创新设计；

5. 从"淡化提问设计"的角度进行创新设计；

6. 从"课中微型话题"的角度进行创新设计；

7. 从"课堂实践活动"的角度进行创新设计；

8. 为学生自主、合作、探究的阅读出"点子"；

9. 设计无分析过程的"感悟——积累——运用"式教学方案；

……

教学方案的创新设计，从锻炼教师的设计能力、提高教师的教学设计的素养来看，可重点关注两个方面的内容。一是"一课多案"的创新设计，二是教案的创新写法。

所谓"一课多案"，主要指教师个人在进行教学的时候，对同一教学内容设计出两种或者几种不论在外观形态还是在内容安排上都有很大不同的方案，用以对教学内容进行各个角度的探究，用以对不同的教学思路、教学手法进行体验。

"一课多案"不采用"比教"的手段来组织活动，但它同样是一种教研现象，是提升教师设计水平的一种优秀手法。这种方法强调的是教师个人的静心思考与精心设计，是一种训练教师、磨炼教师、提高教师教学设计能力的硬措施。

平时教学并不要求教师对每一课都设计出几种详细的教学方案，也不要求每一位教师都来进行"一课多案"的教学设计。但从教学科研、教学艺术、培养优秀教师的角度，我们可以提出这方面的研习要求，开展这方面的自我训练。

"一课多案"其实是一种视点变化、多角运思的研究方法。

视点变换的方法是一种用超常规、超单一角度的眼光去分析研究事物的方法。变角度看问题能够改变我们一贯的思维方式，带来新的发现、新的意境，这样就有了新意，有了趣味，有了深度，有了厚度，有了吸引人的地方。

"一课多案"的教学设计，就某篇课文的教学，可采用的形式多种多样，如：

1. 不同教学思路的"一课多案"；
2. 不同教材处理角度的"一课多案"；
3. 不同教学手法与活动方式的"一课多案"；
4. 既设计阅读教学方案，也设计"读课文学写作"的方案；
5. 既设计阅读教学的教案，也设计以学生自主学习为主的学案；
6. 同一篇课文在不同的年级教学中的不同方案；
7. 同一篇课文在不同版本的教材中的不同方案；
8. 同一篇课文在不同的地区进行教学的不同方案；
9. 同一篇课文面对不同层次学生的不同方案；

……

"一课多案"的教学设计，可以有如下表现形式：

1. 设计出两种或两种以上的教学详案；
2. 设计出两种或两种以上的教学简案，乃至多种微型教案；
3. 设计出几种教学方案，做到有一篇详案，其他的为简案；
4. 设计出几种教学方案，做到有一篇为主要方案，其他的为预备方案；
5. 勾勒出多种教学设想，优化其中的一篇；

……

"一课多案"对于教师的训练意义主要表现在"磨炼"二字上，磨炼教师的耐心，磨炼教师的毅力，磨炼教师的意志，久经这样磨炼的教师，就会成熟起来，老练起来，聪明起来。

下面请欣赏《散步》教学中两种全然不同的教学构思。

教学创意一：欣赏课文中的情味、韵味、意味。

活动之一：反复朗读。

活动之二：多角度品析。

1. 用诗一样的语言概括地表述自己从课文中感受到的"情味"。（情意绵长）

2. 体味从课文传神的词语、优美的句式中所表达出来的"韵味"。（余韵悠长）

3. 感受课文的情感倾向，体悟评析文中透露出来的"意味"。（意味深长）

活动之三：学习小结。

教学创意二：微型话题讨论。

1.《散步》课文朗读。

2.《散步》微型话题讨论。

（1）课文标题欣赏；（2）课文的开头之美；（3）记叙文中的风景画；（4）说说课文中的"波澜"；（5）课文美句赏析；（6）欣赏课文的情感美；（7）"世界"一词的意味；（8）我看课文的主题。

3. 教师课中讲析：课文美句欣赏。

……

教案的创新写法，就是改变传统的教案形式，增加教案编写的难度；同时要做到少搞一些花架子，少说一些空话，少用一些套路。

传统教案的写作形式仅仅只是教学方案内容与步骤的罗列，其中缺少一项重要的内容，就是与课文有关的欣赏短文。

创新的教学方案的写法，就是增加这项内容，从而表现出教学设计过程中的艰苦品读与细心思索。

在平时的课堂阅读教学之中，我们没有可能让所有语文教师都进行这样精细的案例设计，但就训练教师的懂行、入格和让教师经受磨炼、形成技能而言，倒是可以进行尝试的。

请见下面的示例：

《行道树》创新教学设计

【课文品读】

这是一篇……

张晓风的《行道树》，出现在人教版语文七年级上学期的教材中。

这是一篇小小美文。

这是一篇写物喻人的美文。

这是一篇写物的角度极为精致的美文。

这是一篇通过行道树们的心声表达一种坚守精神的美文。

这是一篇用行道树自述的笔法表现人的精神与品性的美文。

这是一篇借行道树忍苦为人的形象表达无私奉献人生信念的美文。

这是一篇运用写物喻人的手法写"我们"、写一类人的美文。

这是一篇借行道树的形象表达无私奉献的人们有着自己快乐与慰藉的美文。

这是一篇借写行道树赞美命运已经被安排定了却快乐地自视为"事实上也是我们自己选择"的美文。

这是一篇借行道树的自白抒写奉献者的襟怀、赞美奉献者美好心灵和崇高精神的美文。

这是一篇告诉我们有人"仍然固执地制造不被珍惜的清新"的含义精深的美文。

这是一篇告诉我们"神圣的事业总是痛苦的，但是，也唯有这种痛苦能把深沉给予我们"深刻哲理的美文。

这是一篇吟之有豪气的美文。

请听行道树铿然有声的宣言：

神圣的事业总是痛苦的，但是，也唯有这种痛苦能把深沉给予我们。

我们这座城市总得有一些人迎接太阳！如果别人都不迎接，我们就负责把光明迎来。

或许所有的人都早已习惯于污浊了，但我们仍然固执地制造不被珍惜的清新。

……

这是一篇品之有文气的美文，请看作者笔下的表达。

修辞格如此丰富多彩：

拟人——全篇文章的构思和表达的手法。

对比——"我们的同伴都在吸露，都在玩凉凉的云"，而"我们唯一的装饰……是一身抖不落的烟尘"。

比喻——直等到朝霞的彩旗冉冉升起，我们就站成一列致敬。

对偶——不必在春天勤生绿叶，不必在夏日献出浓阴。

排比——我们在寂静里，我们在黑暗里，我们在不被了解的孤独里。

回文——我们是一列树，立在城市的飞尘里。立在城市的飞尘里，我们是一列忧愁而又快乐的树。

精警——神圣的事业总是痛苦的，但是，也唯有这种痛苦能把深沉给予我们。

炼字炼句如此精深：

我们居然站在这儿，站在这双线道的马路边，这无疑是一种堕落。

我们唯一的装饰，正如你所见的，是一身抖不落的烟尘。

在这个充满车辆与烟囱的城市里，我们的存在只是一种悲凉的点缀。

这种命运事实上是我们自己选择的，否则我们不必在春天勤生绿叶，不必在夏日献出浓阴。

我们苦熬着，牙龈咬得酸痛，直等到朝霞的彩旗冉冉升起，我们就站成一列致敬。

神圣的事业总是痛苦的，但是，也唯有这种痛苦能把深沉给予我们。

所以，有人这样评价这篇课文：只有几百字，却富有丰厚的内涵、饱满的思想。它对城市街道或马路两旁的树作了含以忧苦和快乐的记写，赞颂了忍苦为人、快乐自奋的高洁胸怀和美好品格。以物喻人，亦透露了作者相应的心灵之光。

（范昌灼《内涵丰厚，词句精美》《高中生·高考指导》2008年第6期）

【教学设计】

本课教学创意：读写结合式教学，课文集美式教学。

创意说明：运用"朗读"的手段美读课文，既对学生进行熏陶感染，又让学生生活在课文的情景、情感、情味之中。运用"写作"的手段让学生动手动脑，得到语言学习中的扎实训练。读写结合，形成生动、充分的学生课堂活动。从另外一个角度看，这是比较生动活泼的"读写结合"式的教学策划。下面是本课的教学活动设计：

读写活动之一：集体诵读，全文诵读。

写作活动的目的：感知课文内容。

每位学生写一句"感受课文"的话，在合作的基础上形成对课文的整体认识。

教师示例：这是运用拟人自述的手法写作的一篇美文。

（学生自由写作，教师组织交流，教师进行课中小结）

读写活动之二：个人自由诵读课文全文。

写作活动的目的：感受一组群象。

每位同学根据课文内容，完成下面"续写"的内容：课文中的行道树认识到……

（学生写作）

师生交流，形成一连串的认识：

行道树认识到，自己的事业是神圣的事业。行人需要绿阴，城市需要迎接太阳，行道树甘愿立在城市的飞尘里，从事神圣的事业。

行道树认识到，神圣的事业总是痛苦的，他们甘愿自我牺牲。跟原始森林的同伴相比，他们抛弃了优越自在的生活条件，总是一身烟尘。跟城市欢度夜生活的人们相比，他们寂寞、孤独、苦熬。他们还时时为城市的污浊而忧愁。

行道树认识到，为神圣的事业而承受痛苦，能把深沉给予我们，为人们的幸福而牺牲个人是幸福的人，他们是神圣的，他们也是幸福的，这种幸福是更深沉的幸福。

……

教师点拨，同学们悟到：行道树代表着坚守职责、无私奉献的这一类人的形象。

最后反复吟诵：神圣的事业总是痛苦的，但是，也唯有这种痛苦能把深沉给予我们。

读写活动之三：教师全文朗读，学生和读。

写作活动的目的：欣赏一个精段。

请从课文的第2、3、4、5段中自选一段进行欣赏，说说这段文字的表达作用与表达效果。

（同学们课堂交流，教师与学生对话）

读写活动之四：师生演读课文。

写作活动的目的：集聚一组美句。

将美句集为微型短文，激情诵读：

我们是一列树，立在城市的飞尘里。

我们唯一的装饰，是一身抖不落的烟尘。

这种命运事实上是我们自己选择的，否则我们不必在春天勤生绿叶，不必在夏日献出浓阴。

神圣的事业总是痛苦的，但是，也惟有这种痛苦能把深沉给予我们。

我们这座城市总得有一些人迎接太阳！如果别人都不迎接，我们就负责把光明迎来。

或许所有的人都早已习惯于污浊了，但我们仍然固执地制造不被珍惜的清新。

立在城市的飞尘里，我们是一列忧愁而又快乐的树。

最后师生一起表演式朗读课文《行道树》：

行道树

张晓风

（领）我们是一列树，立在城市的飞尘里。

（众合）许多朋友都说我们是不该站在这里的，这一点，其实我们知道得比谁都清楚。

（女合）我们的家在山上，在不见天日的原始森林里。

（男合）而我们居然站在这儿，站在这双线道的马路边，这无疑是一种堕落。（女合）我们的同伴都在吸露，都在玩凉凉的云。

（男合）而我们呢？我们唯一的装饰，正如你所见的，是一身抖不落的烟尘。

（领）是的，我们的命运被安排定了，在这个充满车辆与烟囱的城市里，我们的存在只是一种悲凉的点缀。

（众合）但你们尽可以节省下你们的同情心，因为，这种命运事实上是我们自己选择的，

（女合）否则我们不必在春天勤生绿叶，

（男合）不必在夏日献出浓阴。

（领）神圣的事业总是痛苦的，但是，也惟有这种痛苦能把深沉给予我们。

（众合）神圣的事业总是痛苦的，但是，也惟有这种痛苦能把深沉给予我们。

（领）当夜幕降临的时候，整个城市都是繁弦急管，都是红灯绿酒。

（女合）而我们在寂静里，

（男合）我们在黑暗里，

（众合）我们在不被了解的孤独里。

（领）但我们苦熬着，牙龈咬得酸痛，直等到朝霞的彩旗冉冉升起，我们就站成一列致敬。

（众合）无论如何，我们这座城市总得有一些人迎接太阳！

（领）如果别人都不迎接，我们就负责把光明迎来。

（众合）如果别人都不迎接，我们就负责把光明迎来。

（领）这时，或许有一个早起的孩子走了过来，贪婪地呼吸着新鲜的空气，

（男合）这就是我们最自豪的时刻了。

（领）是的，或许所有的人都早已习惯于污浊了，

（女合）但我们仍然固执地制造不被珍惜的清新。

（众合）立在城市的飞尘里，我们是一列忧愁而又快乐的树。

　　　　立在城市的飞尘里，我们是一列忧愁而又快乐的树。

教案的设计，从教师的自我训练来看，应该多写详案，多写课文赏析的教案，多写立意于"用课文教"的教案，多写关注学生知识积累和能力训练的教案，多写创新学生实践活动的教案，以此来确保课堂教学效率，以此来促进教学设计水平的提升。

第三辑／治学智慧

对教师来说，"研究"二字，应该就是为了"治学"。

在工作之中坚持治学，谋求进步，就是智慧。

每一位语文教师都应该有自己喜爱的学习方法，作为一名优秀的力求上进的语文教师，坚持研究是提升自己的真正坦途。

研究不仅让我们能够读好教材上好课，研究也不仅让我们多想问题多认识语文现象，研究更重要的意义是让我们养成并具备研究的素养，让我们有终身追求发展的动力。

"坚持研究"带给我们的，是让我们成为有丰厚教学素养的语文能人。

研究，能让我们做得更好；为了做得更好，我们应该有优秀的治学方法。

33. 课文读写法

课文研读，是语文教师最基础、最重要的研究学问的方法。教材研读的训练，永远伴随着我们的教学。没有谁敢说或能够说：我已经不用训练教材研读的本领了。

语文教师必须有深厚的阅读功力，在研读教材上达到"读得细腻，读得深刻，读得奇美"的境界，才能在教学中深入浅出、进退自如、游刃有余，才能有优秀的教学设计产生。

如下面对《春》中一段文字的赏析：

> 小草偷偷地从土里钻出来，嫩嫩的，绿绿的。园子里，田野里，瞧去，一大片一大片满是的。坐着，躺着，打两个滚，踢几脚球，赛几趟跑，捉几回迷藏。风轻悄悄的，草软绵绵的。

现在我们用"语感体味"的方法来读这一段文字。当我们用朗读、体味、分析、想象等手法对这段文字进行欣赏时，它会给我们多角度的感受：

时令感——春天的脚步近了；
画面感——小草和快乐的人们；
动静感——一片一片的嫩草，享受春光的人；
色彩感——小草青得逼你的眼；
层次感——写草，写人，写人的感受；
变化感——动词之妙；
对称感——短句之妙；
音乐感——叠字运用；
诗意感——含情反复；
轻快感——节奏轻快活泼；
情味感——句式的反复、排比、倒装。

对短短的一段话有这样多的体味，这种欣赏的过程就是研读的过程。

接着，我们用"精妙概括"的方法对名作《散步》进行别出心裁的研读。课文《散步》，一般可以这样进行概括：这是一篇写家庭生活的文章，它选取"散步"这生活的一角，表现了三代人之间深沉的爱。

但是，"精妙概括"与上面的概括不同，它的语言表达与品味角度都发生了很大的变化。请看下面生动的表达：

1. 内容概括

三代人之间深沉的爱。

中年人的责任感。

尊老与爱幼的传统美德。

亲情·真情·责任感·使命感。

一家人相互体谅，生活和谐。

互相爱护、尊重、体贴和理解的一家人。

前面也是妈妈和儿子，后面也是妈妈和儿子。

一篇表现家庭生活、表现亲情的美文。

2. 主题概括

沉重的责任，自需背负。

一曲尊老爱幼的颂歌。

幸福的家庭是美好生命的摇篮。

成熟的生命爱护幼小的生命，善待衰老的生命。

背起生活的重担，架起上下两代人之间的桥梁。

作为中年人，长辈和晚辈就是他的整个世界。

3. 写法概括

精心选材，以小见大。

写了景，写了情，写了事，写了意。

用生活的一角表现了三代人之间深沉的爱。

写了一件事，表达一个"理"。

一滴水反映出太阳的光辉。

几个细节的描写表现了故事的主体内容。

简短的故事中也有波折，深情在波折中闪光。

这样，我们用精练的语言，从不同的视点对文章进行了立体式的多角度概括。要说"别出心裁",就出在这"视点"的变化之上。创造性阅读或者说阅读中的新意,很大程度上取决于"视角"的变化。

我们再用"变体研读"的方法来对"阿西莫夫短文两篇"中的《被压扁的沙子》进行品析。

人们常说,课文《春》中有五幅图,《变色龙》就像是一场独幕剧,《过故人庄》似一阕美妙的乐章,《观潮》是精彩镜头的剪辑……这就是在用美术的、戏曲的、音乐的、摄影的眼光看课文。用不同于课文体裁的眼光来分析课文、研读课文、欣赏课文,想象课文内容,可称之为"变体阅读"。

如我们可以这样来欣赏《被压扁的沙子》:

1. 作者所说明的"观点"是什么?

"撞击"也许是导致包括恐龙在内的许多地方生物灭绝的原因。

2. 作者是怎样论证自己的"观点"的?

提出了"撞击说"和"火山说"两种不同的看法,证明其中的一种看法是正确的。

3. 作者是怎样证明其中的一种看法是正确的?

根据斯石英的形成原因及性质来进行证明。作者这样说道:在斯石英出现的地方肯定发生过撞击,而且肯定没有发生过火山活动。

4. 作者的结论是什么?

造成恐龙灭绝的原因不是火山活动,而应该是撞击。

在这样的过程中,我们用了分析议论文"提出问题——分析问题——解决问题"的"眼光"来理解这篇科普文的写作思路,这是在把一篇"说明文"当作"议论文"来读。同样,我们也能试着将《恐龙无处不在》当作"议论文"来阅读。

课文的研读需要技法,上面所说的课文研读之法,综合地表现出纵深探究、连续发现、反复多角、巧变角度等多方面的技法。这样,既读懂了课文,又研究了学问。

课文的研读,需要"沉淀"我们自己的收获,这就是写作。在课文的研读之中进行写作,又是一种治学方式,它带来的是研究与成果。

从提高教师水平的角度来讲,赏析课文并撰写赏析短文有三个"有助于":有助于教师养成研读教材的习惯,提高教师的欣赏水平;与教学浑然一体，有助于课堂阅读教学；有助于教师在繁忙工作之中的研究，丰富教师的研究手法。

课文赏析短文的写作内容非常丰富，见仁见智，不可一一列举，但我们可以重点在如何"出新"上探究一些技法。如：

1. 纵深探究：从深刻奇美的角度进行发现，如《马说》的语气。

2. 妙要列举：对课文进行美点赏析，进行妙点揣摩，如《荷叶　母亲》美点寻踪。

3. 选点突破：集中笔力突破课文中的某一点、某一处，如《祝福》的眼神描写。

4. 连续发现：从表达的规律上发现课文的表达特点、表现手法或表达技巧，如《再塑生命》中的三种描写段。

5. 反复多角：对精短课文进行多角度的、反复的品读欣赏，如《陈太丘与友期》的多角度评点。

6. 横向牵连：用连类而及的思路，用横向联系的手法，跳出某一课的视野，拓展与组织写作内容，如《称呼　心情　心理》。

7. 巧变角度：避开一般的视点或一般的取材角度，另辟写作的蹊径，如《品一品〈变色龙〉中的人物群像》。

8. 渗透学法：从学法指导的角度写赏析文章，如《罗布泊，消逝的仙湖》的读一文写几文，《安塞腰鼓》的审美式阅读等。

课文研读的过程中，应当伴随着写。写什么？写课文赏析短文。

课文赏析短文，是中学语文教学论文中一个精美的分支，它小巧、灵活、秀美、丰满，讲求选材上的新颖性、内容上的赏析性、表达上的生动性。具体来讲，其表达特点是一短、二新、三丰、四美。

短，就是篇幅短小。少则三五百字，多则一千余字，涉及一篇或多篇课文，赏析一个或几个美点。正是由于"短"的特定要求，正是由于"赏析"的特定内容，就表现出了它在阅读中的实用性和实效性，也就表现出了它的写作难度——对作者理解教材的能力、钻研教材的水平、提炼美点的能力以及写作技法、文字功夫提出了很高的要求。

新，就是标题新、内容新、观点新、表达技巧新。这是赏析短文质量保证之一，是写作成功的重要条件。可以说，没有艰苦的研究与发掘，没有颇有新意的表达，就写不出优秀的赏析短文。

丰，也就是内容丰厚、丰富、丰满。有时是选点生发，小文大写；有时是浓缩内容，大文小写；有时是探幽发微，浅文深写……文中的每一个字都有它的作用，文中的每一个板块都有着它的特定的内涵，没有套话，没有缀语，全篇文章都沉浸在赏析的气氛之中。

美，在话题的选择、文章的层次、内容的组合、分析的角度、语言的表达等方面都力求突现美点。美点的突现既讲究内容的深刻性，也讲究表达的生动性，还讲究文章结构的"造型"之美，其高层次的境界是用散文式的叙事性的笔调来进行表达。

钻研教材，再三把玩，有读有写，心无旁骛，何愁我们不能进步。

下面是我关于课文《狼》的四篇赏析短文，没有一篇不小巧，没有一篇在教学中不管用。

《狼》的简洁美

文章的简洁美，不仅表现以文字简约，语言流畅，而且表现在以最经济的文字来表达丰富的内容，表现在用精粹的语言组成完美的结构，全文仅203字的蒲松龄的《狼》就有这样的特点。

1. 结构精美

《狼》由记叙和议论两个部分组成。记叙部分以屠夫与狼周旋为线索，展开遇狼、防狼、毙狼三个场面，构成从发生、发展到高潮、结局的完整的故事情节。议论部分是作者的画龙点睛之笔，既表现了作者鲜明的爱憎情感，也表明了故事的中心，笔锋所向直指社会上凶狠、狡诈的恶势力。这两部分互为依存，浑然一体，又各尽其宜，各有作用。

2. 表达精巧

《狼》虽然用顺叙法描绘故事，却又在表达过程中巧设悬念，预伏波澜，情节之曲折，扣人心弦。"担中肉尽"一下子就暗示出可能要发生什么事；投骨而不止狼，使人感到屠夫面临巨大危险；狼的一走一留，让人担心屠夫是否会中计；"一狼洞其中"，将危险性渲染到了极点，真是一波未平，一波又起，直到禽兽"顷刻两毙"，读者悬着的心才放了下来。

3. 语言精粹

《狼》语言的精粹表现在两个方面。第一，言简意赅，如开头20

字,不仅写出了故事的时、地、人、环境,而且渲染出紧张的气氛。结尾20字,将文章的主题加以升华,寓意丰富而深刻。第二,描写细腻,短短百余字,不仅写出了故事的全过程,而且贯串着一系列生动的描写。如文中写狼之"黠"就有五处:"缀行甚远"——表现狼的贪婪和小心;"并驱如故"——表现狼的配合作战;"眈眈相向"——表现狼在伺机行动;"一狼径去"——表现狼在制造假象;"隧入以攻其后"——表现狼迂回包抄的狠毒。文章正是通过这样一连串的简练生动的描写,把狼的狡诈、屠夫的机智,鲜明地表现在读者的眼前。

《狼》中之"狼"

在《狼》一文中,蒲松龄通过对两只恶狼一系列动作的描写,着力揭露了狼凶残而又虚弱、狡诈而又愚蠢的特点。在屠夫与狼周旋的过程中,狼的本性逐步地表现了出来。作者的高妙之处在于,凡写狼的动作神情之处,无不表现狼的本性。请看:

"缀行甚远"——表现狼贪婪而又小心翼翼;

"后狼止而前狼又至""两狼之并驱如故"——表现狼懂得配合作战,又懂得虚张声势;

"狼不敢前,眈眈相向"——狼胆怯,并在伺机而动;

"一狼径去,其一犬坐于前"——狼在变换手法,制造危机;

"目似瞑,意暇甚"——伪装轻松善良;

"一狼洞其中"——表现狼在迂回包抄,准备前后夹攻;

……

几个回合的表现,狼的本性被揭露得淋漓尽致。

值得强调的是,作者完全没有写狼对屠夫进行正面进攻,在作者看来,阴险狡诈比穷凶极恶更可怕、更可恨,因此他极力写狼的狡诈。狼越是狡诈,屠夫的胜利也就越有意义,笔锋之所向,直指社会上那些凶狠狡诈的恶势力。

《狼》妙点揣摩

妙在文章开门见山,起笔就写屠夫遇狼,点明时间、地点和矛盾的双方,情节扣人心弦。

妙在"一屠"的"屠"字,为故事的发展埋下了伏笔。

妙在"晚归"的"晚"字，说明当时已是路上无人，屠户处于无援境地。

妙在"途中"写出了特定的环境和地点。

妙在"一屠"对"两狼"，对比鲜明，写出了屠户身处险境。

妙在"缀行甚远"写出了狼紧跟人的时间之长、距离之远，写出了狼的险恶用心与狡诈。

妙在"仍从"的描写，表现了狼的贪婪与毫无忌惮。

妙在"投骨而不止狼"的渲染，使人感到屠夫面临巨大的危险。

妙在描写细腻、生动，"投"与"复投"表现了屠夫的周旋与应对。

妙在"并驱如故"不仅表现了狼的贪得无厌，而且表现了狼的配合作战。

妙在"后狼止而前狼又至"，写出了紧迫的形势，写出了屠夫随时有受到攻击的可能。

妙在"窘""恐"，表现了屠户的心理，也写出屠户陷入困境，气氛更加紧张。

妙在"野有麦场"，设置了故事的场景，为故事的发展又一次埋下伏笔。

妙在用一连串的动词：恐、顾、奔、倚、弛、持，写出了屠夫在紧张险恶的环境中还能保持清醒的头脑，抢占有利地势，准备与狼搏斗。

妙在"弛担持刀"写屠户动作的敏捷快速，写屠户准备随时进行搏击。

妙在"眈眈相向"写出了狼目光的凶残与贪婪，写出了两狼伺机进攻。双方处于决一死战的相持阶段，气氛异常紧张，动人心魄。

妙在"一狼径去"的描写。"径"字用得巧妙，写狼别有意图。留下了悬念，为故事情节的发展又埋下了伏笔。

妙在"其一犬坐于前，目似瞑，意暇甚"，这又是一个悬念，12个字淋漓尽致地刻画了狼制造假象、伪装悠闲的神态。

妙在"一狼洞其中"，将危险性渲染到了极点。

妙在"屠暴起"写出了时机、速度与力量，写出了屠户的机警果敢、迅速出击。

妙在"乃悟前狼假寐，盖以诱敌"，写出了屠夫的醒悟，更写出了狼的狡黠。

妙在全文层次分明，有叙有议，叙议结合。

妙在这个故事中表现出来的镇定、机智、勇敢与力量。

《狼》的四读四评

一屠晚归，担中肉尽，止有剩骨。途中两狼，缀行甚远。

品评一：写屠夫遇狼，点明时间、地点和矛盾的双方。这是故事的开端。

品评二：文章开门见山，扣人心弦，又在表达过程中预伏波澜，"担中肉尽，止有剩骨"，为情节的展开埋下了伏笔。

品评三：文章言简意赅，开头20字，不仅写出了故事的时、地、人、环境，而且渲染了出紧张的气氛。

品评四：一人遇两狼，揭示险恶的情境，扣人心弦。

屠惧，投以骨。一狼得骨止，一狼仍从。复投之，后狼止而前狼又至。骨已尽矣，而两狼之并驱如故。

品评一：写屠夫惧狼，表现屠夫的迁就退让和狼的凶恶贪婪。这是故事的发展。

品评二：投骨而不止狼，使人感到屠夫面临巨大危险；后狼止而前狼又至，屠夫随时有受到攻击的可能。

品评三：描写细腻、生动，投，复投——表现屠夫一再退让；"并驱如故"——不仅表现了狼的贪得无厌，而且表现狼懂得配合作战。

品评四：用反复的手法表现气氛的紧张。

屠大窘，恐前后受其敌。顾野有麦场，场主积薪其中，苫蔽成丘。屠乃奔倚其下，弛担持刀。狼不敢前，眈眈相向。

品评一：写屠夫御狼，表现屠夫的果断抉择和狼的不甘罢休。这是故事的进一步发展。

品评二：屠夫在情急之中迅速占据有利地势，准备与狼搏斗；"狼不敢前，眈眈相向"写狼的胆怯，也写它们在伺机而动。

品评三：恐、顾、奔、倚、弛、持，一连串的动词写出了屠夫在紧张险恶的环境中还能保持清醒的头脑，设法与恶狼对峙。

品评四：人、狼形成紧张的对峙局面，形势难以预料。

少时，一狼径去，其一犬坐于前。久之，目似瞑，意暇甚。屠暴起，以刀劈狼首，又数刀毙之。方欲行，转视积薪后，一狼洞其中，意将隧入以攻其后也。身已半入，只露尻尾。屠自后断其股，亦毙之。乃悟前狼假寐，盖以诱敌。

品评一：写屠夫杀狼，表现屠夫的勇敢警觉和狼的狡诈阴险。这是故事的高潮和结局。

品评二：狼的一走一留，让人担心屠夫是否会中计；"一狼洞其中"，将危险性渲染到了极点，真是一波未平，一波又起，直到禽兽"顷刻两毙"，读者悬着的心才放了下来。

品评三："一狼径去，其一犬坐于前"——表现狼另有图谋和牵制屠夫；"意将隧入以攻其后"——表现狼迂回包抄的狠毒。文章正是通过这样一连串的简练生动的描写，把狼的狡诈、屠夫的机智，表现得淋漓尽致。

品评四："乃悟前狼假寐，盖以诱敌"写屠夫的醒悟，更写狼的狡诈。教育我们对狼一样的人一定要提高警惕。

狼亦黠矣，而顷刻两毙，禽兽之变诈几何哉？止增笑耳。

品评一：作者发表评论，点明故事的主题。此为第二部分。

品评二：结尾仅20字，就将文章的主题升华到一个新的高度，寓意丰富而深刻。

品评三：人有狼没有的智慧、勇气和力量。对狼一样阴险狡诈的恶势力，不能存有幻想，不能妥协退让，要敢于斗争，善于斗争，这样才能取得胜利。

品评四：狼终究是愚蠢的，自取灭亡是它们的下场，文章有明显讥讽的意味。

34. 自建仓库法

"自建仓库"是一个比喻的说法，指的是将教学与研究中一切由自己写作的教学资料分门别类地积聚起来。

当教师的人一定要能很有耐性地积累资料，而且要很有毅力地积累由自己撰写或编写的资料。在很多的时候，这种资料不是为了发表而是为了服务于自己的教学与研究。

自建仓库，就是依靠自己的智慧与精力、依靠自己的研究与写作，为自己的教学教研建设一批批储存成果的"文件夹"。这是一种自得其乐、自得其味、自得其果的研究方法；这是一个"无中生有"的过程，一个"苦心孤诣"的过程，一个"面壁十年"的过程；这也是一种出名师的研究方法。细水长流、慢工细活、深刻思考、勤奋积累，一定能够让一位脚踏实地的奋斗者"化蛹为蝶"，脱颖而出。

假如：一位教师有自己亲手编写的百十课的阅读教学资料，一位教师有自己亲手编写的百十篇课文赏析文章，一位教师有自己编写的系统的作文训练资料，一位教师有自己写作的几十万字的教学日记，一位教师有自己记录下来的数十例课后反思，一位教师有自己积淀下来的与语文教育有关专题研究资料，一位教师有自己编撰的系统的中考或高考复习指导材料……那么这位教师就有了带有自己鲜明个性的、带有自己创见的、表现着自己研究手法的"仓库"；每一个仓库的建设，都牵动着自己的研究，都渗透着自己的心血与汗水。也许，由于某个"仓库"的原始积累，一条探索与发现的曲折道路就开始了。也许，这其中的某一个"仓库"，就是极有价值的学术成果。从我自己的经历来看，成长与发展过程，就是自建大量"仓库"的过程。仅仅我讲过的150多个公开课，就有150多个微型"仓库"，一个课的文件夹中少则上万字，多则10多万字。我觉得自建仓库中所做的一切工作都有它实在的意义，就是策划自己，督促自己，发展自己，提升自己。

对教师个人来说，自建的"仓库"不仅具有实用性和创造性，它还有一种特别的可爱性，它是由自己创建的教学与研究的七彩世界，常常让自己如数家珍地品读、回味。

自建仓库的操作技法主要表现在三个方面：

一是确定方向。或者是一种爱好，或者是一种任务，总之要定向地、坚持地进行写作与积累。

二是分解目标。"方向"实际上是一个很大的话题，是一个远景目标，要沿着"方向"深入研究，就得将"远景目标"进行分解，从多个不同的角度来探究它，丰富它，同时从不同的角度丰富自己的思想，深化自己的研究，优化自己的成果。

三是形成系列。与上面所说的"分解目标"一样，将某一个专题划分成许多的小专题来做，每天做一点，经常写一点，形成系列；每形成一个系列，就建起了一个"仓库"。

如关于"什么样的课是好课"这个大的话题，我们就可以进行分解，就可以形成系列，从如下八个方面进行探讨：

教师青春，学生阳光；善用教材，巧用教材；思路清晰，逐层深入；关注积累，知识丰富；精读训练，能力提升；读写结合，读练结合；珍惜时间，集体训练；手法生动，形式讲究。

仓库有大小之分。但只要坚持建设，许多的小仓库就能变成大仓库。

从阅读教学的角度而言，对每一篇课文，我们都应该给它建立一个充满知识与智慧的仓库，都应该给它建立一个有强大支撑力的后方。

如，我为教学《苏州园林》这一课专门编撰的"资料仓库"（教案除外）就达两万余字，它由六份资料组成：教材单元说明中的有关信息，课文赏析短文，课文语言卡片，全文信息提取，课文段落分析，课文段落阅读练习。

如果视野更加开阔一点，信心更加充足一点，时间坚持更长一点，我们还可以有更好、更大的收获。如我为"说明文教学技能"自建的一个"小仓库"，点示了教学设计的大体规律：

一、着眼于"学法实践，训练能力"来设计说明文阅读教学

所谓"学法实践"，就是给学生指点学习方法与阅读方法，并在教学

中指导学生运用这些方法去阅读分析课文。

课标不仅要求"教材应注意引导学生掌握语文学习的方法",也要求教师训练学生"掌握最基本的语文学习方法"。基本的语文学习方法,就是人们常用的、受用终身的语文学习方法,不论是生活中的阅读,还是学术研究中的阅读,这些方法都应该是普遍适用的。从教学的角度来说,"学法"主要是指语文学习中整理的方法、概括的方法、摘录提取的方法、比较的方法、欣赏的方法和提炼的方法。

具体而言,说明文的学习方法与阅读方法,主要有:

从"总、分、总"的角度去观察文章或者文段的结构;从时间顺序、空间顺序、逻辑顺序的角度去分析文章的顺序;从中心句、支撑句的角度分析文段的结构;用提取中心句的方法浓缩全文信息;用表格或者图形来分析文章或者文段的层次内容;用判断与辨识的方法分析文中说明方法并阐释其作用与效果;用简洁概括的方法知晓文章内容或辨识事物的特点;对文章的某种表达技巧、某种表达特点进行品味,或欣赏文中的语言;利用文章中说明的原理去阐释所见到的生活现象;等等。

学法实践的重要目的就是训练能力。阅读教学不注重训练学生的能力,等于浪费了课堂阅读教学。训练了学生的能力,才能说教师是在用心地"用课文教"。学生在阅读训练中形成了能力,教师就教给了学生终身受用的本领。所以,在课堂阅读教学中指导学生进行学法实践,以此来训练学生能力的设计,是技高一筹的教学设计。

下面是《生物入侵者》的教学简案:

  教学创意——自读课,学习方法实践课。
  主要教学过程——
  学法实践活动之一:速读,提取全文信息
  提取文章信息的重要方法之一是组合要言。组合要言,就是着眼于摘取文、段中的总说句、中心句、结论句等重要句子,将其进行组合,加以综合性的表达,完整而概括地显现全文信息。
  (学生实践后,获得如下信息:通过非自然途径迁移到新的生态环境中的"生物入侵者"在新的生存环境中很可能会无节制地繁衍。在给人类造成难以估量的经济损失的同时,也对被入侵地的其他物种以及物种的多样性构成极大威胁。许多"生物入侵者"是搭乘跨国贸易的"便车"进行"偷渡"的。目前，世界上许多国家已开始认识到这一问题的严重性，并采取了相应措施。)

学法实践之二：概括，理解课文顺序

请同学们概括文中各个层次的大意，据此证明本文的说明顺序是：引出话题——摆出现象——分析原因——讨论对策，这是一种"逻辑顺序"。

（学生分组活动，说明这是逻辑顺序：第1段：解释概念，引出事物。第2、3、4段：生物入侵及其危害。第5段：生物入侵现象所产生的原因。第6、7、8段：人们的看法及采取的措施。

即：引出话题——摆出现象——分析原因——讨论对策。)

学法实践之三：提炼，表述事物特征

请学生综合全文内容，提炼出生物入侵者的本质特点，并给"生物入侵者"下定义。

（学生写作，给"生物入侵者"下定义：原本生活在异国他乡、通过非自然途径迁移到新的生态环境中且无节制地繁衍，对入侵地的其他物种以及物种的多样性构成极大威胁的物种就是"生物入侵者"。)

这样的教学设计，符合课标中最重要的一种教学理念：让学生在大量的实践活动中学习运用语文的规律。教师在精细地理解课文内容基础上所设计的创新阅读教学，真正地让学生的活动充分，让课堂的积累丰富。

二、着眼于"文意把握，选点突破"来设计说明文阅读教学

"文意把握，选点突破"是阅读教学中最常用的教材处理方式之一，也是最常用的教学思路策划之一。

任何课文的阅读教学，第一个步骤可能都需要教师带着学生进行"文意把握"，即从整体上大致了解、理解课文的基本内容。只有在"文意把握"的基础上，才能展开其他细节性的教学内容。这是基本规矩，其实这也是遵从着课文教学步骤之间的逻辑关系。

"文意把握，选点突破"，是在整体理解课文的前提下，选取课文的关

键处、精美处、深刻处、疑难处、知识内容丰厚处、手法巧妙处、意义隐含处等"有嚼头"的地方进行细腻深入的品读教学，以达到深透理解课文某一方面特点的教学手法。它着眼于优化课文内容、精练课文内容、整合课文内容，是一种教材处理的基本手法。

运用"选点突破"的手法进行教学，有如下一些讲究：

1. 讲究教师对课文有精细的阅读、深刻的理解、独到的见解。

2. 讲究在整体理解课文之上的选点切入，即教学中的选点是由整体理解作背景的。选点突破式教学的原则是"把握文意，选点突破"，教学的过程大致上是"整体理解，选点切入，深化突破，照应全篇"。

3. 讲究教学内容的整合。教者往往把视点集中在一些"知识的板块"上，运用一定的教学手段将它们辐集起来，这样的教学能够表现出浓郁的"语文"气息。

4. 讲究从不同的角度，调动各种手段，对所选之"点"进行充分的品味，使之作为语言学习的范例，在学生的心目中打下深深的烙印。

下面是《苏州园林》"文意把握，选点突破"的教学创意：

课时：一节课。

阅读活动：文意把握，选点突破。

"文意把握"环节——

1. 请同学们浏览课文，谈谈你所了解的文章中的关键内容。

2. 讨论话题：说说怎样用最快捷的方式把握文意、了解全文主要内容。

3. 学生活动：谈自己用最快捷的方式了解文中信息的方法。

4. 老师小结，进行学法点拨。

把握文意，也就是从文中提取有关文章或文段内容的重要信息。《苏州园林》把握文意的方法：组合各段的关键句如总说句、中心句、结论句等重要句子，了解全文主要内容。同学们在老师的指导下阅读课文，提取全文主要信息：

苏州园林是我国各地园林的标本。

苏州各个园林的共同点：务必使游览者无论站在哪个点上，眼前总是一幅完美的图画。

苏州园林绝不讲究对称。
苏州园林里都有假山和池沼。
苏州园林栽种和修剪树木也着眼在画意。
苏州园林有花墙和廊子。
苏州园林每一个角落都注意图画美。
苏州园林里的门和窗，图案设计和雕镂琢磨功夫都是工艺美术的上品。
苏州园林极少使用彩绘。
……

这些句子表达出来的，就基本上是全文内容的浓缩。

"选点突破"环节——

师：我们来精读课文中的第4段，请同学们试着对本段中词句的运用与表达效果进行体味、发现。

师生讨论、交流：

从"假山""池沼"这两个关键词看，本段运用了"分类别"的说明方法。

"假山"和"池沼"既是总说，又表明了分说的顺序。

"配合""安排""布置""一幅画的效果""入画的一景"等都与全文的中心句相呼应。

"重峦叠嶂"概述变化多端的假山，写出了假山的堆叠有自然之趣。

"大多引用活水"，写出了一股生气，给人以洁净、清新的感觉。

"有些园林池沼宽敞……往往安排桥梁"，印证了课文前面所说的"设计者和匠师们因地制宜，自出心裁"。

石岸"总是高低屈曲任其自然"，这些安排，正是园林中的山水造型所追求的境界。

"还在那儿布置几块玲珑的石头……"表现出从各个角度看都成一幅画的效果。

总之，假山和池沼的设计与安排充满了艺术性，假山和池沼的安排与配合给人以入画的美感。

……

这个教学设计，一方面着眼于全篇课文信息的提取，另一方面着眼于文段的细读，可谓线条明晰，思路清晰，操作简便，省时高效。

三、着眼于"分析结构，训练思维"来设计说明文阅读教学

结构的分析，章法的审美，几乎是阅读教学中最重要的内容与任务之一。因为，凡文章或者文段的分析，没有不关注其结构特点的；凡文章的阅读与欣赏，没有不关注文章的结构层次与内容特点的。所以，能够分析文章结构，是所有人最基础的阅读分析能力。如果一个人没有这种能力，那么文章在这个人的面前就是"一塌糊涂"。

任何文体文章的教学，都有训练学生"分析结构"的基本任务。说明文的教学也一样。训练学生对文章的结构进行分析，其过程充满了辨析、归纳、推理与判断，其实也是在训练学生的思维。如《大自然的语言》的教学，基本上可以用一个课时的时间，来引导学生对课文进行结构层次的审美，再用一个课时，完成对课文重要内容的阅读分析。

下面是《大自然的语言》的第一个课时的教学设计：

活动一：请学生研读课文，着眼于全篇，说明《大自然的语言》是非常有条理的、十分讲究说明顺序的说明文。

（同学们自读课文，展开讨论，形成看法，师生对话）

说法一：

第一部分（第1~3段）说明了什么是物候，什么是物候学。第二部分（第4~5段）说明物候观测对农业生产的重要性。第三部分（第6~10段）说明物候现象来临的决定因素。全文的最后部分（第11~12段）阐述了物候学研究的意义。所以，全文眉目清晰，顺序清楚，有条不紊。

说法二：

第1、2段，说明什么是"大自然的语言"。第3段，介绍"物候和物候学"。第4、5段，介绍物候观测的对象和对农业的重要性。第6~10段，说明"物候现象的来临决定于哪些因素"。最后两段，阐述物候学对于农业的意义。这就是《大自然的语言》的条理清晰、结构

严密的写作思路。

说法三：

这篇文章从大自然春夏秋冬的物候变化开始，有序地介绍了：什么是物候→什么是物候学→物候学的作用→物候现象来临的决定因素→物候学研究的多方面意义。可以说，全文眉目清晰，结构自然精巧。

活动二：请同学们研读课文的第6~10段，完成研讨的话题——试根据课文内容阐释这一部分的结构与顺序都是非常有条理的、讲究说明顺序的。

（学生自读课文，展开讨论，形成看法，师生对话）

说法一：

第6段是一个设问句，其实就是"总说"。"首先""第二""第三""此外"由主到次地表现了"分说"。这一部分呈"总分"结构，条理非常清晰。

说法二：

文章说明了决定物候现象来临的四个因素：纬度、经度、高下差异和古今差异。四个因素的影响程度由大到小依次排列，有条有理；"首先""第二""第三""此外"等连接词表现出这一部分明晰的层次。

说法三：

文章的主体部分主次分明地介绍了决定物候现象来临的因素：首先是纬度。经度的差异是影响物候的第二个因素。影响物候的第三个因素是高下的差异。此外，物候现象来临的迟早还有古今的差异。这样的表达主次分明，条理清晰，灵活生动，错落有致。可以看出这一部分的结构与顺序都是非常有讲究的。

关于学生的精读能力，课标提出了20个字的评价要求，即评价学生"词句品析、文意把握、要点概括、作品感受、内容探究"的能力。上述的教学过程，基本上能够覆盖关于这20个字的能力训练，这样的教学过程非常有力度。

四、着眼于"读写结合，趣味活动"来设计说明文阅读教学

语文阅读课要上得富有情味，秘诀在于学生活动的设计。而学生活动

设计的秘诀在于教师对课文的巧妙研读,并把自己的研读所得变成让学生经受历练并感兴趣的课堂学习活动。

学生课堂学习活动的设计,从训练的效果看,最有效的莫过于"读写结合"。

所谓"读写结合",就是在阅读教学中依凭课文,既组织起学生的阅读训练,又设计出学生的写作训练。

读写结合式的教学,最实在的意义就是能够有力地对学生进行读写能力训练。而且,由于活动的训练性,教学中教师的提问量大大减少,学生集体活动的机会大大增加,因而能够确保课堂教学的有效、高效。

下面是课文《鲸》的删节版,我们用简洁而有趣味性的活动来进行它的阅读教学。

鲸(有删节)

不少人看过象,都说象是很大的动物。其实还有比象大得多的动物,那就是鲸。最大的鲸有十六万公斤重,最小的也有两千公斤。我国捕获过一头四万公斤重的鲸,有十七米长,一条舌头就有十几头大肥猪那么重。它要是张开嘴,人站在它嘴里,举起手来还摸不到它的上腭;四个人围着桌子坐在它的嘴里看书,还显得很宽敞。

鲸生活在海洋里,因为体形像鱼,许多人管它叫鲸鱼。其实它不属于鱼类,是哺乳动物。

鲸的种类很多,总的来说可以分为两大类:一类是须鲸,没有牙齿;一类是齿鲸,有锋利的牙齿。

鲸的身子这么大,它们吃什么呢?须鲸主要吃虾和小鱼。它们在海洋里游的时候,张着大嘴,把许多小鱼小虾连同海水一齐吸进嘴里,然后闭上嘴,把海水从须板中间滤出来,把小鱼小虾吞进肚子里,一顿就可以吃两千多公斤。齿鲸主要吃大鱼和海兽。它们遇到大鱼和海兽,就凶猛地扑上去,用锋利的牙齿咬住,很快就吃掉。有一种号称"海中之虎"的虎鲸,有时好几十头结成一群,围住了一头三十多吨重的长须鲸,几个小时就把它吃光了。

鲸跟牛羊一样用肺呼吸,也说明它不属于鱼类。鲸的鼻孔长在脑袋顶上,呼气的时候浮上海面,从鼻孔喷出来的气形成一股水柱,就像花园里的喷泉一样；等肺里吸足了气，再潜入水中。鲸隔一定的时间必须呼吸一次。不同种类的鲸，喷出的气形成的水柱也不一样：须鲸的水柱是垂直的，又细又高；齿鲸的水柱是倾斜的，又粗又矮。有经验的渔民根据水柱的形状，就可以判断鲸的种类和大小。

鲸是胎生的，幼鲸靠吃母鲸的奶长大。这些特征也说明鲸是哺乳动物。长须鲸刚生下来就有十多米长，七千公斤重，一天能长三十公斤到五十公斤，两三年就可以长成大鲸。鲸的寿命很长，一般可以活几十年到一百年。

教学创意：趣味活动，读写结合

教学的主要环节之一——"阅读"活动

趣味话题——课文主要用了什么方法让我们觉得鲸很大很大？

学生安静地品读课文，这个话题把学生深深地吸引到课文之中。教师交代话题，在学生思考5分钟之后，就可以组织讨论了。由于话题的趣味性，学生在讨论中会表达出很多观点。教师与学生对话，并小结出课文将鲸写得很大很大的一些基本方法：如列数字、作比较、打比方、作描摹等。

这次活动，将学生全体引入到课文之中，让学生理解了课文内容，知晓了说明的方法的表达作用。

教学的主要环节之二——"写作"活动

趣味话题——我来告诉你：鲸，不是鱼。

每位同学都要就此话题，根据课文内容写一篇百字左右的短文。

同学们读课文，学写作。从"胎生""用肺呼吸"等角度来阐释"鲸是哺乳动物"这一观点。

这篇课文的一读一写活动的设计，都有着四两拨千斤的作用，让学生经历了读与写的训练。这种教学效果的出现，从根源上来讲，还是因为教师对课文的研读与体会不同寻常。

35. 精品收藏法

精品收藏，人们日常生活中的一种爱好、一种情趣、一种投资手段。

精品收藏，人们日常生活中的一种欣赏方法、一种纪念形式、一种休闲方式。

精品收藏，能留住珍贵，留住价值，留住情感；能让往昔时光又回到我们面前。

中学语文教学研究中的精品收藏法与目录索引、资料摘抄等研究方法紧紧相连，都属于资料性阅读、资料性助读之类。相比之下，精品收藏法显得更雅致一些，学问性更强一些，也更有情趣一些。

如下面以"100"串起的著述，就不是资料摘抄法能够代替的：

《叶圣陶答教师的100封信》（开明出版社）；
《教育的艺术：苏霍姆林斯基100教育案例评析》（中山大学出版社）；
《阅读指导100例》（北京工业出版社）；
《中学语文精段巧读100例》（山西教育出版社）；
《中学语文教例品评100篇》（武汉出版社）；
《写作方法100例》（武汉大学出版社）；
《中国现代文学百题》（文心出版社）；
《古文百篇评点今译》（吉林人民出版社）；
《中国当代名诗100首》（湖北教育出版社）；
《中国现代名诗100首》（湖北教育出版社）；
《外国名诗100首》（湖北教育出版社）；
《名家记事100篇》（知识出版社）；
《今天怎样做教师：点评100个教育案例》（华东师范大学出版社）；
《给教师的100条新建议》（华东师范大学出版社）；
《教育小语：100位中外教育家的智慧感悟》（华东师范大学出版社）。

中学语文教学研究中的精品收藏指的是收集、留存、研读、欣赏、学用语文教学研究中的珍贵成果或与语文教学研究有关的学术精品。说这种方法是语文教师的一种实用研究技法与治学方法，是因为这种方法或直接或间接与教学研究有关。例如，我们要研究于漪老师的教育思想，我们就得研读于漪老师一系列的学术论文，在这个过程中，我们要在探寻、收集、分类、比较、提炼有关资料之中实践我们的研究能力。可以说，精品收藏的结果是物质的，但过程却是方法的、研究的、学术的。

中学语文教学研究中的精品收藏的目的在于淘漉精品。在信息量极大的时代里，很多可贵的信息会被淹没，很多宝贵的文献会在我们的不经意之间流逝，很多见解丰富的著作因为我们的犹豫而没有拥为己有。于是，在短暂的一瞥之后，就个人的力量而言，我们再也找不到它们的踪影，于是留下深深的遗憾。

所以在学术研究中，我们应该时常提醒自己留意那些自己很需要或很喜欢的内容，将它们用自己熟悉的方式"收藏"起来，以供日后的探讨、欣赏、把玩。

收藏的内容、品种都应该表现收藏者自己的"个性"与"爱好"。我们可以收藏有关名师研究的套书。如由邹贤敏主编、湖北教育出版社出版的《中学语文素质教育名家丛书》：《于漪：追求综合效应》《钱梦龙：导读的艺术》《宁鸿彬：走"思维训练"之路》《蔡澄清：点拨教学法》《欧阳代娜："呼唤"整体改革》《洪宗礼：语文教学之链》《洪镇涛：打开"语言学习"的大门》《张富："跳摘"教学模式》。

我曾在这套书的书评中这样说道：

> 我喜欢各册书中的片片风景。"主编手记"是亲密老友式的介绍，"教改春秋"是饱含深情的自述；"夫子自道"是独特观点与个人风格的直陈，"答客问难"是对教学教改现状的评析与议论；"论著自选"浓缩了文章精华，"课例评点"表现了教学风采；"评论荟萃"见解独到，"弟子说师"情意真切……而当阅读的眼光进入每一张书页时，那喜欢就化作了时时的激动与感慨……

我想，这样的书，不是一日一月能够尽读的，我要带着这种喜欢，真情地读它。

我们可以收藏著名大师的系列论文。如 1992～1993 年《中学语文教学参考》上刊载的宁鸿彬老师的"讲读课丛谈"系列文章：《调动学生初读课文的积极性》《增强引导学生分析课文的启发性》《增强总结课文的鲜明性》《发挥画龙点睛的作用》《加强字词教学》《提倡"精讲"》《提倡"精练"》《增强教学过程中的应变能力》。

这些文章我在复印之后收藏，长期研读，收获颇丰。并结合《中国特级教师教案精选》（北京师范大学出版社）、《宁鸿彬文选》（漓江出版社）、《宁鸿彬中学语文教学改革探索》（山东教育出版社）写成长篇论文《妙在这一"问"——论宁鸿彬老师阅读教学"主问题"的设计艺术》。文中，我对宁老师进行了这样的评论：

> 宁老师极善于设计教学"主问题"。他极善于用一个或几个能够牵一发而动全身的"一问能抵许多问"的"主问题"引导学生深深地进入课文，激发他们的学习兴趣，激发他们的创造性思维，从而有效地避免了课堂上浅层次的"碎问碎答"的教学过程，让学生真正成为课堂活动的主体和课堂活动的主人。

我们还可以收藏对自己有教益的书籍和辞典。如"诗词"类方面：《古诗词文吟诵》（社会科学文献出版社）；《诗词格律》（中华书局）；《朗读学》（湖南教育出版社）；《诗境浅说》（北京出版社）；《诗歌常谈》（陕西人民出版社）；《唐诗小札》（广东人民出版社）；《中学古诗文鉴赏辞典》（江苏古籍出版社）；《世界名诗鉴赏辞典》（漓江出版社）；《唐宋词欣赏》（北京出版社）；《诗词例话全编》（重庆大学出版社）……

我们还可以：收藏各套教材以供综合分析，收藏各套课外自读课本以寻觅美文，收藏著名语文刊物历年的合订本以供检索，收藏每年中高考试题专辑以供提炼考点，收藏散见于语文报刊的知识短文以丰富知识，收藏散见于各种媒体的优秀教例以作参考，收藏某名家作品的各种研究资料以融会贯通，还可以收藏与语文教学有关的奇闻妙事以供休闲阅读，甚至还可以收藏"名师一句话"来提高你的涵养……

"精品收藏"可以显示时间的价值与经历的价值。过去有些极好的文章已经被湮没了，现在的年轻人很难读到；而现在的年轻人收藏的文章在他年老的时候就是一笔值得骄傲的精神财富。

"精品收藏"中最有意思的是收集、保存语文报刊中的好的文章好的教例。语文报刊中的珍宝常常让人眼亮心跳，常常让人叹为观止。它们是可遇不可求的，读过之后如果不及时保存就可能成为过眼烟云。

有研究与欣赏价值的文章往往能激起收藏者不平静的思想火花，让你产生研究的冲动，或者让你在研究的征途上一发而不可收。而"精品收藏"最重要的价值也在于让人研究，让人产生研究成果。

如下面"目录索引"的收藏，为一篇课文的研读提供了无与伦比的力量：

《赤壁赋》资料索引

陆精康《关于〈赤壁赋〉》[《语文学习》2001（11）]

冯琪《〈赤壁赋〉设计ABC》[《中学语文教学参考》2001（10）]

秦建军《体悟苏子情怀》[《语文学习》2001（1）]

李上卫《从赤壁诗文看苏轼》[《语文教学通讯》（高中刊）2001（10）]

乔虹《〈赤壁赋〉教学设计》[《语文教学通讯》（高中刊）2002（8）]

陆精康《画意·诗情·哲理——苏轼〈赤壁赋〉艺术张力探幽》[《阅读与鉴赏》（高中版）2002（9）]

杨桦《悦目、会心、畅神和超越——苏轼〈赤壁赋〉自然美审美心理过程管窥》[《名作欣赏》2003（2）]

韩雪松《谈〈赤壁赋〉的教学指导策略》[《学语文》2003（3）]

项行龙《〈赤壁赋〉中几个值得商榷的注释》[《语文教学与研究》2003（7）]

马锡刚 李百芹《〈赤壁赋〉微型教案》[《中学语文教学参考》2003（10）]

吕锐章《〈赤壁赋〉的悲音从何而来？》[《语文教学通讯》（高中刊）2003（12）]

周福勇《〈前赤壁赋〉美学分析》[《语文教学与研究》2004（1）]

谢增伟《〈前赤壁赋〉的押韵与表情达意》[《语文教学与研究》2004（5）]

范晖《谈〈赤壁赋〉的哲理美》[《中学语文园地》（初中版）2004（20）]

方彦萍《我教〈赤壁赋〉》[《语文教学通讯》（高中刊）2005（1）]

祝德纯《大江流日夜，千古赤壁情——读苏轼〈前赤壁赋〉》[《语文建设》2005（2）]

陆精康《〈赤壁赋〉教学疑难十问》[《中学语文教学》2005（5）]

葛发民 李克全《〈赤壁赋〉中的"明月"意象略析》[《语文教学通讯》（高中刊）2005（3）]

黄务海《在凄苦中挣扎和超越——苏轼〈前赤壁赋〉情感解读》[《中学语文》2005（13）]

梁德林《关于生命的哲理对话——重读苏轼〈前赤壁赋〉》[《阅读与写作》2005（7）]

吴秋升《苏轼与赤壁》.[《中学语文》2006（2）]

智平《〈赤壁赋〉的美人意象》[《语文教学与研究》2006（2）]

张苑勋《〈赤壁赋〉备教策略》[《语文教学通讯》（高中刊）2006（3）]

于树华《〈赤壁赋〉的景、情、理》[《语文教学之友》2007（1）]

杨宏《〈赤壁赋〉教案》[《中学语文》2007（1）]

李艳 章尚元《谈〈赤壁赋〉的水与月》[《语文教学与研究》2007（8）]

……

如我多年以前的一篇小论文，就产生于"精品收藏"：

《春》教学设计集评

【教例简述】

设计一（于漪）

1. 理解课文层次：盼春——绘春——颂春。

2. 读析"盼春"部分中作者的心情。

3. 读析"春草图"四个句子的描写内容。

4. "春花图"五个描写句各用了什么艺术手法，产生了怎样的艺术效果。

5. 作者借助哪些事物把春风的特点具体而形象地表现出来。

6. "春雨图"中的正面、侧面描写。

7. 写春天里的人,抓住了哪几个方面的特点。

8. "颂春"部分歌颂了春天的哪几个特点。

设计二（王曼筠）

1. 学生自读课文,归纳课文提纲。

2. 表情朗读。

3. 讨论:作者用了哪些优美、贴切的词、句、比喻来描写不同的景物,你最喜欢哪些。

4. 讨论:你认为草、花、风、雨这四段哪段最难写。（风最难写）

5. 重点分析"春风"段:

（1）特有的性格；（2）特有的气味；（3）特有的音响；（4）大自然特有的和煦。

6. 借鉴此法,集体口头创作小作文《春风》。

设计三（王松泉）

1. 读析第1段:春回大地——（写时）

2. 读析第2～6段:春色明丽——（写景）

春草:特征、范围、情态　（教师详讲）

春雨:本身特征、雨景特征　（教师详讲）

春花:多、美、甜、闹、广　（学生分析练习）

春风:情态、气味、声音　（学生分析练习）

3. 读析第7段:春早人勤——（写人）

4. 读析第8～10段:春意催人——（写意）

设计四（王聚元）

1. 诵读,理清结构,领会感情。

2. 用"同义替换法"指导学生品味、咀嚼课文的语言。

（1）调换词语。如"小草偷偷地从土里钻出来"改为"小草一下子从土里钻出来"。

（2）增删词语。如"舒活舒活筋骨"句改为"舒活筋骨,抖擞精神,各做各的事去"。

（3）改变语序。如"野花遍地是"句改为"遍地的各种各样的有名字没名字的野花,散在草丛里像眼睛,像星星"。

(4) 改用平实说法。如"不错的"句改为"不错的,春风是十分柔和的"。

3. 诵读,领会文中语言文字的精妙。

【评析】

以上四例设计,大多出自名家笔下。

从对教材的处理角度看,设计一与设计二相近,都是抓"五幅图"的讲析;设计三从写时、写景、写人、写意的角度讲析课文,设计四则专从语言分析方面着手。

从教法设计来看,设计一是语文讲析课中的"工笔描绘法",析得精,讲得细,品得深。

设计二线条较粗,使用了"选点突破法",重在讲析一个精段。设计三的线条也比较细腻,使用了"讲析法"和"点拨法"。设计四则设置一条教学线索来带动教学内容,主要用了"比较法"。

每一个教学设计都注意突出了朗诵、背诵。

从教师作用看,设计一突出精美的讲析,设计二突出课堂调控与组织,设计三突出讲读示范,设计四则突出练习设计与引导。

从学生的活动看,设计一重在听、品、感受;设计二重在品、想、说;设计三重在听、品、析;设计四重在比、品、练。

诵读训练穿插于其中。

美文《春》,引出了多少精美实用的教学设计!

(余映潮《中学语文教例品评100篇》)

收藏、品读、揣摩、提炼、学用、创新,只有在这样的"治学"中,我们才会有长足的发展。

36. 案例分析法

中学语文教育教学中有研讨意义的实例就是"案例"。每一位中学语文教师，在事业的很大一部分时间里，都是生活在"案例"之中。

案例分析，就是对案例进行分析，进行评析，进行剖析，进行赏析。这是语文教师最喜爱的高效率的教学研究活动之一，也是近年来语文教学研究中的一个热门现象。不少的语文专业杂志都开设了案例分析方面的专栏。

案例分析的学术意义在于它是一种研究的过程，这个过程带动了多方面的研究工作：

1. 要对案例进行搜集、挑选、鉴别，从科学性、艺术性、真实性的角度找到具有评说价值的案例。

2. 要进行独立的思考和广泛的参阅，这就是理性化的能提升自己专业素质的历练。

3. 要"咀嚼"案例，从理性的角度、艺术的角度、技术的角度，从普遍意义上认识的角度，形成自己的见解。

4. 要表达自己的感受、感悟、见解、意见、建议，要表达自己的分析与评论，在这表达的过程中，我们有阅读，有写作，有交流，有分享，有碰撞，有争论。

案例分析给教师带来的最大收益有两个方面：

1. 直接提高教师的教学评价水平与能力，养成教师用科学的、理论的眼光分析教学的习惯。

2. 直接帮助教师积累优秀的教学案例，在不断的欣赏回味中提高教师的教学策划水平。

中学语文教师身处教学之中，每天都会对教学有一些议论，有一些评说，因此，可能会觉得案例分析比较简单、比较容易。其实这是有着相当难度的研究工作，有时连课改的专家都避而远之。近年来在全国范围内对中学语文教师进行的"通识培训"和"教材培训"中,能够结合案例分析来阐释课标精神和教材体例的专家可谓屈指可数,这就更加证明了案例分析并不是那么简单易行的。

有人说,案例研究是教师专业水平发展和提升的捷径。此中的奥妙就在于教师与教学案例有近距离的接触、分析与研究。

案例分析的种类与手法,主要有如下几种:

1. 课堂观察。课堂观察是一种带有研究目的的课堂观摩活动。它有两种活动的角度,一是课后对此案例进行综合性的评价,如设计的理念、师生的关系、学生的自主合作探究的学习活动、课堂交流的状况等。我们平时所进行的"评课",大多数都是从这几个方面评价。二是课后对此案例进行单项内容的评价,如专门评价学生实践活动、专门评价课型的设计、专门评价教学细节的合理性等,这样的评价往往针对"实验课"来进行。

2. 教例评点。教例评点是对案例进行分析与评说。有时候,这种评说是针对以文本样式呈现出来的案例;有时候,这种评说是针对现场的课例,即上面所说的"评课"。教例评点的角度主要有三种:第一,多角度分析,即比较细致地对教学情况进行剖析,几个主要的方面都讲一下;第二,美点赏析,即比较透彻地分析此案例的美点,表现出这个案例的学用价值;第三,弱点指正,即从指出失误的角度来进行评价,表现出这个案例的警醒价值。

3. 课后反思。课后反思,是教师个人课后对自己教学案例的思考行为,总结此案例给自己的经验或教训。其实这种思考不一定就是专门找弱点,对自己成功之处、得意之处或经验之谈都可以进行有力的总结。教学案例反思的重点内容有:(1)教学理念的问题;(2)教学创意的问题;(3)教材处理的问题;(4)教学艺术的问题;(5)课堂活动的问题;(6)课堂效率的问题。课后反思要抓大放小,要在理论的指导下深刻剖析一两个主要问题。

4. 案例交流。在很多时候,案例交流表现于平常我们所说的"说课活动"之中。这时候往往要求执教老师说理念、说教材、说教法,这里面就带有比较浓郁的理性色彩。在现实的教学背景下,说课活动还应该拓宽内容与优化角度,如下面一些内容,都是可以在案例交流中选择性地进行:(1)说教案立意;(2)说教学创意;(3)说课型设计;(4)说活动安排;

(5) 说课中话题;(6) 说精彩片断;(7) 说手段运用;(8) 说资源开发。

5. 案例归纳。案例归纳是将多个案例放在一起进行综合的分析评议。这种方法适用于参加大型教学研讨会之后的案例整理,适用于对某一篇课文的多个案例的对比研究,适用于对某一名家的多个案例进行体味,适用于某种文体课文教学中多篇案例的特色研究。运用"案例归纳"的方法进行案例研究,收获往往会更大:一是积累了众多的案例,二是加深了思考的深度,三是提高了自己宏观分析的理论水平。

6. 案例跟踪。案例跟踪表现于案例分析,是创新探索过程中一系列案例的连贯分析。如某一篇课文在创新教法时需要进行多次的教学实验,那么就可以形成对这一系列案例的跟踪研究;又如完成某一个研究课题需要运用课堂教学实验的手段,那么也有可能出现若干个案例,从而形成案例的跟踪研究。案例的跟踪研究表现出分析一次、小结一次、修改一次、提升一次的特点,非常有利于提高教学设计的质量。

7. 特例评说。所谓特例,就是特别出新的案例、特别出奇的案例、特别出格的案例、特别出界的案例。如"非指示性非预设性"课例、"板块式教学"课例、"师生合作"课例等。这些特例也特别能引发人们的议论,特别能激发人们探讨研究的热情。分析评说这些"特例",一是要将其置于当前的课改背景之下;二是要注重其个性化的成分;三是不说过头话,不论是褒是贬,都要适可而止。

8. 美例欣赏。好的案例如同好的文章,值得品评欣赏;一般的课例,能够表现出"一点之美"的,也有欣赏的价值。进入欣赏层次的案例,能给欣赏者带来好的心情,能够更好地表现出潜移默化的魅力。案例欣赏要重在品味其立意之美、构思之美、手法之美与细节之美,欣赏的过程要实在,要有力,要善于用新的视点来透析案例,善于用新的理念来评说案例。

案例分析法对教师的提升作用还表现在"写"上,教师必须通过"写作"这一环才能表达出对案例的分析。一般来说,优秀的案例分析应该"言短意长",文字简洁而内容精深。

案例分析的方法曾经绚烂地点缀过我的生活。《中学语文教研品评100篇》就是我用了将近十年的时间写作而成的一本著作。十年的案例分析与案例评点短文的写作,中学语文阅读教学设计艺术的风光似一幅幅山水画卷，展现在我的面前，让我领略到教学艺术的真谛。

下面是我评点的一个案例，曾被誉为案例评点中的"极品"，请同人欣赏。

陈钟樑老师《合欢树》课堂教学实录评点

地点：深圳市华侨城中学

时间：2010年5月6日下午

师：上课！同学们好！

生：老师好！

师：今天，我和大家一起学习史铁生的《合欢树》。史铁生这个名字大家熟悉吗？读过他的文章吗？

生：读过。

师：哦，读过的。我们看一下史铁生的介绍。（屏幕显示史铁生简介）史铁生，是中国作家协会的会员，现任北京作协副主席。大家看一看史铁生的简单介绍。（生默读）他多次获得大奖，特别是华语文化传媒的大奖。

师：这篇课文《合欢树》，大家看过吗？

生：看过。

师：都看过了，很好。那么我们先看一下，《合欢树》这篇文章，它要赞颂的主题是什么？那是人类最伟大最永恒的一种精神，什么精神呢？

生：母爱。

师：下面我们看一看，史铁生对于母爱是怎么认识的。下面这段文字，取于史铁生的另一篇文章，也就是大家所说的读过的——

生：《我与地坛》。

师：对，《我与地坛》。我们先仔细看一遍，再齐声读一遍。

生："母亲生前没给我留下什么隽永的格言和要我恪守的教诲，只是在她去世之后，她艰难的命运、坚韧的意志和毫不张扬的爱，虽时光流转，在我的印象中愈加鲜明深刻。"

【评　点】

这是第一次"横联"。横联什么？在《合欢树》的教学中横向联系《我与地坛》中史铁生的话。

这种手法非常巧妙，其作用有四：一是直接表现史铁生对于"母爱"的看法，省去了许多需要解释的语言；二是增加课文教学内容的厚度；三是巧妙引出"时光的流转"，引出下步讨论的话题；四是表现教师的一种手法、一种开放的思维、一种知识面的开阔。

师：好，从这段话里我们可以知道这篇文章《合欢树》，哪一类词语用得最多？

（生默默翻书）

师：哪些同学看出来了？你看，对母爱的认识，是一天就能完成的吗？这里特别讲到"虽时光流转"——随着时光的流转，认识越来越深刻。因此这篇文章中哪一类词语用得最多？

生：时间。

师：我们把有关的时间词语圈点一下。比如第一自然段的"十岁那年""二十岁"，到下面的"三十岁""母亲离开我整整七年了"。写到合欢树的时候又出现了哪些时间词？"有一年"，接下来呢？

生："第二年"。

师：嗯，"第二年"，"又过一年"，下面还有呢？

生："再过一年"。

师：对。这篇文章，表示时间的词语特别多。因为随着时间的流逝，"我"的认识会越来越深刻。

【评　点】

这里顺势切入。顺着"时光的流逝"切入到"时间"。扣住"时间"的顺序进行教学，从教材处理的角度看，既是"切入"，又是"抓手"。于是教学的过程顺理成章。

师：来，我们先看看整篇文章有多少个自然段？

生：12个。

师：现在我们先看第一自然段，看看这个自然段，作者起笔到底写了些什么。我想这样，我读一句，同学们读一句，好不好？

（师生共读《合欢树》第一自然段）

师：好，我们看第一自然段，写的是什么。

生：写他十岁那年，一次作文比赛得了第一，他和他母亲之间的一个生活片段。

师：生活片段这是一方面，还有吗？

生：描写他母亲的性格和品质。

师：是什么样的性格呢？

生：活泼。

师：还有呢？

生：开明。

师：活泼、开明，还有呢？你看啊，和儿子争论起来了，她的性格是怎么样的呢？

生：好强。

师：对，很好强。还不够，还遗漏了很重要的一点，没有注意到最后一句。大家一起讲，是什么？

生：爱美。

师：哎，是个很爱美的女性。你看，第一自然段写了母亲当年的阳光，她好强的脾气，而且在那个时候，她还是一个很追求美的女人。同学们，我们想想看，第一自然段的内容丰富吗？

生：丰富。

【评　点】

从第一段讲起，手法老道。这篇文章，第一段的表达作用和表达效果非常值得品味。教师如果将第一段轻轻带过，如果忽略了第一段在全文中"张本"的作用，可能是没有读好这篇课文。

师：这样丰富的内容，全在史铁生笔下表现出来。第二自然段"二十岁，我的两腿残废了"，在这个自然段里母亲发生了一个很大的变化，是什么？

生：变老了。

师：从哪里可以看出母亲变老了呢？

生：头上开始有了白发。

师：对，可是一个女人的变老，不在头上增添了几丝白发，或是脸上增添了几分皱纹,而在于什么?史铁生在这里的细节抓得很准,表现在哪里?

(生思考)

师:可能同学们太小了,感觉不到。一个女人的变老,最主要的表现在哪里呢?——不断地重复同一句话。

(生笑)

师:"怎么会烫伤了呢,怎么会烫伤了呢?"——这方面我是深有体会的。

(生大笑)

师:史铁生在这里抓得很准。到了"我"三十岁,我的小说发表了,我得奖了,可是母亲已经离开我整整七年。文章的一开始,看来很平淡,但是在叙述中流露出来的情感是非常真挚的。我们看作家王安忆是怎么评论史铁生的散文的。我们齐声把第一句话朗读一遍。

生:"在叙述中流露出原初面目的情感"。

师:对,"原初面目的情感",写母爱。

【评　点】

从这里就可以看出讲第一段的重要性。详于"二十岁",略于"三十岁"。

品词论句,体味深刻。

以上完成了课文教学的第一个重点内容:对母爱的理解。注意教师第一次引用的王安忆的一句话:在叙述中流露出原初面目的情感。教学内容在这里巧妙地升华到了理性,教学的视野顿然开阔。

所谓走进文本和跳出文本,这里就是经典的细节。

师:那么在后面,作者却用了很多的笔墨写什么呢?

生:合欢树。

师:而在写合欢树之前,又写了一群什么?

生:老人。

师:对,一群院子里的老人。有人问,这算不算是闲笔呢?写母亲是文章的主题需要,怎么用这么多笔墨来写一群老人呢?

(生思索)

师：同学们，鲁迅先生的《故乡》读过吗？《故乡》写农村的破产，主要是通过谁来表现的？

生：闰土。

师：但是文章还写了谁呀？杨二嫂，对吧？如果说写闰土，是确保了这篇文章主题的深刻，它的深度；那么写杨二嫂呢，就是文章的厚度。这里写母亲，是确保文章的深度；写院子里的一群老人，就是文章主题的厚度，也是母爱的一种折射。大家看，写这群老太太，主要写了她们的什么？

【评　点】

这是第二次"横联"。横联什么？在《合欢树》的教学之中横向联系小说《故乡》中写人物与表现人物的手法。其作用，其效果，其深度，都值得我们品味。

教师的关于文章的"深度"与"厚度"点拨，可以说是文章阅读中点示给学生极富理性色彩的妙语。教学的内容，在这里由"一课"走向了"一类"，教学内容的视野同样顿然开阔。

（生默读）

师：同学们，课文内容反映出来的，写了老太太的什么呢？第一，"大伙都不知道我获奖的事"，看到吧？"也许知道，但不觉得那很重要"。说明这一群老太太，这一群善良、忠厚、慈爱的老太太，她们是非功利的，没有什么功利心，讲究的是实在。"我"是不是得奖了，得了什么奖，她们毫不在意，她们最关心的是什么呢？

生：腿。

师：对了，问我的腿，问我是否有了工作。好像有个更重要的内容——她们和史铁生在一起聊聊天、喝喝茶，从来不提起母亲。为什么？

生：怕他伤心。

师：对了，怕史铁生伤心，这是第二。但是，她们最怕的是什么呢？既不提起，又怕什么？

生：我觉得最怕的是史铁生忘了他的母亲。

师：对，所以"有一年，人们终于又提到母亲。"请大家圈下一个词——"终于"。下面要请同学们想想看，你认为"终于"这个词包含着哪几层意思？两两讨论一下，然后起来回答。

生：我觉得"终于"包含了两个角度。一个是作者本身，就是他和老太太聊天的时候一直都没有讲到他的母亲，他可能心里也会觉得她们为什么不讲呢，终于等到这一年，她们终于讲了，其实作者心里可能一直很希望老太太她们讲到他的母亲。这是一个角度，就是作者的角度。另一个角度是老太太，她们之前一直没有提起是因为怕史铁生伤心，但是她们又真的很害怕他会忘了他的母亲，所以她们忍了一年又一年，还是讲了。

师：还有补充的吗？……如果今天大家回去，翻一翻《现代汉语词典》，我们对刚才这位女同学的发言，既有热情的肯定，也可以作一点补充。"终于"，包含了三层意思：第一，时间的等待。"终于"总是有一段时间的，不能由刚才马上到现在，这个不能用"终于"。第二，刚才女同学讲到头脑的酝酿。想了好多次，但一直没有实行。第三，行动的努力。时间的等待、头脑的酝酿、行动的努力，所以"终于"这个词和另外一个词语"最终"截然不同，这两个词语不能随意调换。请一位同学把"终于"包含的三层意思再复述一遍好不好？

生："终于"包含着三层意思，一是时间的等待，二是头脑的酝酿，三是行动的努力。

师：对，所以"终于"又提到了母亲，提到母亲以后，就带出了合欢树。所以刚才我说的，写这几个老人，不仅使整个主题更有厚度，还有一个很重要的作用——

生：引出合欢树。

师：对，几位老太太在文中还起到了过渡的作用，使合欢树的出现显得非常自然。听了老太太的话——"到小院儿去看看吧，你妈种的那棵合欢树今年开花了！"我的感觉怎么样？

生："一阵抖"。

师："我心里一阵抖"，发生了激烈的思想斗争。在王安忆的这段话里，"流露出原初面目的情感"，从心里的震动开始，逐步"趋向理性"。（引导学生看屏幕显示的第二句王安忆语"情感经过历练逐步趋向理性"）所以老太太的出现还起了一个很重要的过渡作用。

【评　点】

讲析描写"老太太们"的作用，眼光锐利。这里就是文学欣赏的教学，真正地在"作用""效果"上做文章。读懂了这一点，就读出了文章的情味，读出了文章的用笔技巧。

品词论句，角度精致。

教师第二次引用的王安忆的一句话：情感经过历练逐步趋向理性。同样地是理性的阅读指导。这与前面的第一次引用形成照应，教师的教学手法渐显规律。

师：现在我们大家一起来看合欢树。母亲在路边挖了一棵刚出土的含羞草，后来竟变成了一棵合欢树。第一个问题，母亲为什么要把路边的含羞草搬回家？她没有搬其他的草其他的花，搬的是含羞草。同学们，你们是怎么想的？

生：首先我们从第一自然段知道母亲是个爱美的女性，所以她搬了含羞草是情理之中的。另外，母亲把含羞草搬回家，可能是想让"我"，也就是她的儿子看到花，心情会好一点。

师：你有一点讲得非常好。母亲是一个很爱美的女人，和第一自然段相照应。另外，她也想让家里增添一些欢乐的气氛。那为什么她不找其他的花，而找含羞草呢？这是值得大家思考的问题。

生：我觉得呢，就是母亲那时候去帮他找工作，而作者的脚已经残废了，遇到很多困难。就像含羞草一样，每次去碰它，它就合拢然后战胜自己的困难，再重新开放。母亲就想通过这棵含羞草告诉他的儿子，让他看到它会有另外的想法，让他坚强地活下去。

师：在你的话里面，其实已经有一个闪光点——"和含羞草一样"。什么和含羞草一样？你从母亲这个人的一生，从她在文章里的出现，她和含羞草一样的是什么？含羞草是怎样的一种草？

生：含羞草是你一碰到它，它虽然会合拢叶子，但是你一走开它又会和以前一样。

师：生命力很顽强。还有别的同学发言吗？你看，含羞草，和母亲有相似的吗？

生：朴素。

师：母亲这么爱含羞草，因为含羞草和她有很多相似的地方，你们说对不对呀？是那样的温柔而不张扬，美丽而不耀眼。这就是史铁生注意到了母亲的性格——一个温柔而又坚强的女人。同学们，在这个地方我们一定要把它挑出来看，挑出来看，就会越来越觉得史铁生的文章是那么有味道。

师：但是最后这个含羞草呢，却是一棵合欢树。这里有两个副词应该引起我们注意，是想不到的。第一个副词——

生："竟"。

师："竟是一棵合欢树"。第二个副词是哪一个？

生："但"。

师：哦，不是，比"但"重得多了。

生："却"。

师：对。第一个，"竟"是一棵合欢树；第二个，"却"长出了叶子。一个"竟"一个"却"，说明史铁生深深的震撼。所以我们看到的是情感经过历练，逐步地趋向了理性。

【评　点】

这里品味的是"树"。欣赏的是"表现手法"。

品词论句，视点独到。

教师同样引用王安忆的一句话：情感经过历练逐步趋向理性。让我们知道，这一块的教学实际上分成了两个层次：人和树。

以上解决课文教学的第二个重点内容，也是难点内容：《合欢树》中的人和树。

师：同学们，接下来文章写道："我摇着车在街上慢慢走，不急着回家。人有时候只想独自静静地呆一会。悲伤也成享受。"这个自然段很短，有几个句子啊？

生：三个句子。

师：我们是否应该注意这两个叠词——一个人进入沉思的时候，前边一个"慢慢"，后面一个"静静"，于是进入了一种静寂。啪！一个句号，造成了一个断裂，引起了下面最有哲理的一句话。我们齐声读一遍。

生："悲伤也成享受。"

师：这个"也"字不能少。现在值得我们思考而不是讨论：悲伤，怎么会也成了一种享受呢？在这里，我想给大家讲述的是列夫·托尔斯泰讲的一个故事。大家熟悉这个名字吗？

生：熟悉。

师：有篇文章大家学过吗，《世间最美的坟墓》，茨威格写的，读过吗？

（生摇头）

师：高三肯定会读的。列夫·托尔斯泰是俄国著名的作家。他说，有一个小孩一不留神走进了森林，结果在森林深处遇到了熊，他心里十分害怕，就奔啊跑啊逃啊，一股劲儿地终于走出了困境。第二天，小孩给朋友给老人讲述他昨天的经历，这个时候他的脸上充满了一种喜悦、骄傲的神情，而不是在森林里感到的恐惧和死亡的威胁。什么道理呢？因为中间已经有了一个时间的距离。按照美学最基本的原理，美，必须有什么？

生：距离。

【评　点】

这是第三次"横联"。横向联系茨威格《世间最美的坟墓》。巧妙地解决了一个难以说清楚的问题：距离与美。

至此的横联内容，让我们叹为观止。几次的横联，看似信手拈来，实是精心的教学构思。非一般人所能为。

师：对，距离产生美。史铁生因为有了这样一段不平凡的经历，所以他才会体验到：悲伤也成享受。我们一起把这个自然段读一遍。要注意三句话的每一个句号要有适当的停顿；要把"慢慢""静静"读好；要把"悲伤也成享受"这种体验性的句子读好。

（生朗读）

师：最后一句重复再读一遍——"悲伤也成享受"。

生：悲伤也成享受。

【评　点】

这里竟然还有朗读指导。恰到好处，选点准确。又见教师功底。

这样的朗读，出现在这里，其作用是调整教学节奏，改变到此时为止的讲析式的推进，让文章教学的显得灵动起来。可谓妙笔。

师：好。其实这篇短短的散文最难懂的在这里：为什么文章要多次提到那棵合欢树的影子，要多次提到那个小孩儿——他不哭不闹，瞪着眼睛看树影儿。而结尾又落在那个小孩儿上——"有一天那个孩子长大了，会想起童年的事，会想起那些晃动的树影儿，会想起他自己的妈妈，他会跑去看看那棵树。但他不会知道那棵树是谁种的，是怎么种的。"为什么多次提到那个小孩儿，为什么多次提到那个树影儿？大家可以两两讨论一下，到底为什么。

（生讨论）

师：同学们非常好，说"知道一点，但也不算太懂"。好吧，那么你来讲，好不好？

生：我觉得他是从那个小孩身上，折射出了他自己，想到了自己童年的事。那个树影儿，应该是他和母亲当初一起经历过的那些事情，也是母亲和他一起走过的那一段回忆。

师：我非常欣赏你用的一个词——折射。还有同学想发言吗？

生：我的观点跟她不太一样。我把合欢树看作天下所有母亲的母爱，那个影子就是他的母亲对他的爱。

师：好的。在这里只要发表意见就是很好的。

生：我觉得这是一种生命的循环、母爱的延续。

师："生命的循环"，好。刚才有位同学讲的"折射"，我很欣赏。你说的"生命的循环"，我也有同感。

师：刚才我们已经出示了两个句子，"在叙述中流露原初面目的情感，情感经过历练逐步趋向理性。"再看第三句，"理性最终孕育着哲学的果实。"（屏幕显示王安忆评价的第三句）在这里，史铁生的散文总给我们多一点感受。什么感受呢？一种神秘感。是不是因为母爱，搬来的原本是含羞草，却成了合欢树；因为母爱的感召，终于让一个双腿残废的儿子，成为著名的作家。是不是因为合欢树的感召，那个不懂事的小孩儿，整天望着树影儿，不吵也不闹？史铁生的散文，他成功的地方很大程度就在于总给我们多一点的思考，多一点的感受。不管他的《合欢树》还是《我与地坛》都给人以神秘感。史铁生在《我与地坛》结尾,特别出现了一个词语,叫"意蕴"(板书:意蕴)。什么叫"意蕴"呢?"意蕴"就是用言语很难表达出来的、比言语所能够表达出的更深刻更令人回味的东西。这大概就是属于史铁生的。史铁生在《我与地坛》的结尾出现了"意蕴"两个字,我觉得,用在《合欢树》的结尾,也是再妥当不过的。

【评　点】

这里解决了课文教学最大的一个难点:文中为什么要多次提到那棵合欢树的影子和那个小孩儿。教师点到为止。

这里我们要欣赏教师的大段讲述,它太美了,它表现出来的是深度;它会在学生的心里激起思索的浪花。其实陈老师在对《合欢树》的欣赏文字中还有一次精彩的讲述:"有那么一天,那个孩子长大了。会想起童年的事,会想起那些晃动的树影儿,会想起他自己的妈妈。"一连有三个"会想起",但是一转,"但他不会知道那棵树是谁种的,是怎么种的"。原因就在于孩子还没有受过像史铁生那样苦难的经历和考验。

教师第三次引用王安忆的一句话:理性最终孕育着哲学的果实。

教师说:"史铁生在《我与地坛》的结尾出现了'意蕴'两个字,我觉得,用在《合欢树》的结尾,也是再妥当不过的。"

这应当是第四次横联,并且与课文的开讲形成照应。全课的横联式、引用名言式的教学思路与手法至此完整地诗意地显现了出来。

师:现在离下课还有几分钟时间,我们再把文章好好地默读一遍。

(生默读)

师:然后,把作家王安忆的三句话抄写到自己的本子上。

(生抄写)

师:好,我们把这三句话齐声朗读一遍下课。

(生齐读)

师:好,同学们,这堂课我们就上到这里。下课!同学们再见。

生:老师再见!

【评　点】

陈老师说，王安忆有这样一个认识：不可不读史铁生。史铁生的散文在叙述中流露出原初面目的情感，情感经过历练逐步趋向理性，理性最终孕育着哲学的果实。

我认为，我们在中学教史铁生的文章，基本上就顺着这个路。这是陈老师设计本课教学中最值得品味与欣赏的地方。我们甚至可以就此再写一篇欣赏陈老师教学思维的文章。

【总　评】

陈老师《合欢树》教学给我们的启示是：教材研读的深，教学设计的巧，教学内容的精，教学手法的活。

陈老师《合欢树》教学给我们的警示是：品词论句是语文教师的看家本领，文学欣赏的水平是语文教师个人教学素养的重中之重。

陈老师使用的教学手法，可以称之为"旁证"手法。我也用这种手法来证明陈老师的教材处理是精致的、别出心裁的。

2005年，全国高考语文一卷就以《合欢树》为阅读材料，对考生进行了阅读能力的考查。其中有三道阅读题是：

19. 本文一开头就写了儿子小时候与母亲的一场小冲突。你认为这样写有什么特别的作用？（4分）

20. 作者在文章中三次提到自己的年龄。你认为他在二十岁以后和三十岁以后对母爱各有怎样的体会？（4分）

21. 文章在对那个看树影儿的孩子的拟想中结束。作者这样写想要表现什么？这种写法的特点和效果是什么？（6分）

陈老师的《合欢树》的教学，从教材处理的角度看，就暗合了这三道题的阅读欣赏角度。

这再一次让我们赞叹！

37. 多向运思法

有人研究《陌上桑》，说罗敷夸奖的"夫婿"是一种"金头蚕"；有人研究孟浩然的《春晓》这首诗，说它的意蕴在于暗示人们在社会的风雨中青春容易消逝；对《最后一课》，有人从心理学、教育学的角度来审读它；对《蚊子和狮子》，有人从哲学的角度来分析它；对《葫芦僧判断葫芦案》，有人从法学的角度来理解它；对《捕蛇者说》，有人从社会经济的角度来阅读它；对《死海不死》，有人从地理学的角度来讲析它；有人读《孔乙己》，欣赏它的"蒙太奇"手法；有人读《醉翁亭记》，品味它的"镜头"之美……这就是用视点变换、角度变化的手法来研究事物。

视点变换的方法是一种用超常规、超单一角度的眼光去分析研究事物的方法。变角度看问题能够改变我们一般的思维方式，常常带来新的发现，带来新的意境，这样就有了新意、有了趣味、有了深度、有了厚度、有了吸引人的地方。

视点的变换表现出来的是一种灵动的思维方式——多向思维。

语文教学研究可能而且应该追求更高层次的研究境界，那就是——就某一位教师来讲，他不仅能用视点变换、角度变化的手法来研究事物，而且能够多角度地、多视点地研究分析事物。如果能够这样，这位教师就是在用"多向运思"的方法来进行研究。

在日常教学教研中，"多向运思"的研究方法可以运用于——对同一篇课文进行反复的多角度的评点，对同一篇课文写出多篇赏析文章，对同一篇课文编写出多种教案，对同一个问题进行多角度的分析，对同一个作文题进行多个构思角度的指导，就同一个话题多角度地组织学生的课中活动，对同一个研究课题从多个角度进行深化，等等。应该说，多角度地看待生活，多角度地分析事物，多角度地考虑方案，是每一个人的基本素质，更不用说生活在创新时代中的语文教师了。

在如上所述的"多角度"的研究与实践中，我们得读了再读，写了再写，编了再编，评了再评，品了再品，想了再想。智力与能力就在"再"中得到锻炼与提高，创新的思维与作法就在这"再"中得到提升与优化。

所以说，"多向运思"的研究方法，对人们的智力、耐性、思维方法、研究习惯、知识积累都是挑战。

那种"横看成岭侧成峰"的境界，那种"柳暗花明又一村"的欣喜，那种"风光不与四时同"的感受，那种"天光云影共徘徊"的愉悦，一定是放飞思维、另辟蹊径之后才有的收获。

下面请欣赏几个用"多向运思"的方法进行研究与教学的实例。

1. 多角度品析课文内容

如对课文《春酒》的多角度赏析：

品味《春酒》的表达技巧

《春酒》，琦君的一篇诗化的散文。

一篇写作者童年生活的散文。

一篇写在自己家乡的童年生活的散文。

一篇写特定时令之中、特定环境下的有趣的生活细节的散文。

一篇抒写母亲性格的散文。

一篇写故乡风情的散文。

一篇写民情风俗的散文。

一篇有多条线索的散文：春酒，母亲，我，八宝酒都可以看作全文的线索。

一篇写了童年之趣、母亲之善、民风之淳、故乡之恋的散文。

一篇描写了童年的趣味、表现了生活的情味、饱含着思乡的意味的散文。

一篇通过回忆童年、亲人、故乡的生活来表达对家乡深切思念的散文。

一篇有着浓浓的思乡之味的散文。

在这篇诗一般的美文中，作者用细腻的笔触描绘了故乡浓浓的风土人情，抒发了对童年、对故乡、对母亲的无限追思之情。

在这篇文章中，作者表现出了高妙的写作技巧，从而把平凡的生活写得美好、厚实、有情有味。下面我们根据文章的顺序依次看来。

高妙的表达技巧之一——"衬托"。

文章的第一段在全文中的作用是引出"春酒"这个话题。作者写道："过了元宵灯节，年景尚未完全落幕。还有个家家邀饮春酒的节目，再度引起高潮。在我的感觉里，其气氛之热闹，有时还超过初一至初五那五天新年呢。"此中原因何在？原来，新年期间，因为要多讨吉利，于是孩子们多少有些拘束。而到了喝春酒的时候，则是自由自在了。这样既写出了家乡春节的习俗，又衬托、表现了邀喝春酒时的氛围，写得情味盎然。

高妙的表达技巧之二——"穿插"。

第一段文字引出了"春酒"之后，文章并没有直接往下写乡邻之间如何邀喝春酒，而是穿插了第二、三两段，写了"母亲"与母亲的"八宝酒"。这里的穿插内容，写得有滋有味："八宝酒，顾名思义，是八样东西泡的酒，那就是黑枣（不知是南枣还是北枣）、荔枝、桂圆、杏仁、陈皮、枸杞子、薏仁米，再加两粒橄榄。要泡一个月，打开来，酒香加药香，恨不得一口气喝它三大杯。"这样的穿插，有着多方面的表达效果，既写出了母亲的能干、生活的情味，又写出了节日的氛围以及日后"我"的回忆之情。

高妙的表达技巧之三——"反复"。

什么样的反复？就是反复写"我"，反复写"母亲"。

文中的"反复"非常有意思。从第一段到第五段，每一段都以对"我"自己的精美的细节描写作为段的收束：

第一段：尤其是家家户户轮流的邀喝春酒，我是母亲的代表，总是一马当先，不请自到，肚子吃得鼓鼓的跟蜜蜂似的，手里还捧一大包回家。

第二段：其实我没等她说完，早已偷偷把手指头伸在杯子里好几回，已经不知舔了多少个指甲缝的八宝酒了。

第三段：有一次一不小心，跨门槛时跌了一跤，杯子捏在手里，酒却全洒在衣襟上了。抱着小花猫时，它直舔，舔完了就呼呼地睡觉。原来我的小花猫也是个酒仙呢！

第四段：我呢，就在每个人怀里靠一下，用筷子点一下酒，舔一舔，才过瘾。

第五段：因此，我每年正月里，喝完左邻右舍的春酒，就眼巴巴地盼着大花厅里那桌十二碟的大酒席了。

更加有意思的是，第六、七、八段，作者又以对"母亲"的精细的细节描写作为段的收束，母亲的勤俭、善良、宽容，在琦君温婉流畅的笔下，得到了传神的刻画。

这样的表达耐人寻味。它们既表现出文章节奏的美感，又活现出生活的瞬间的情味，又从不同的角度突现出人物的性情，还表现出作者谋篇布局的精巧。

高妙的表达技巧之四——"转折"。

也就是笔锋一转，在转折之中写出新内容。

文中有两次重要的转折。一是由喝春酒写到"春酒以外，我家还有一项特别节目，就是喝会酒"。二是由写母亲与酒的关系转到"不仅是酒，母亲终年勤勤快快的，做这做那，做出新鲜别致的东西，总是分给别人吃，自己却很少吃"。

此二者都有重要的表达作用与表达效果，前者表现了民风之美，人情之美，后者表现了母亲的性情之美、为人之美。

高妙的表达技巧之五——"跳跃"。

即由对美好往事的回忆一下子"跳"到了现实。

文章的第八段写的是母亲，而第九段却一下子写到了现实："今年，我也如法炮制，泡了八宝酒，用以供祖后，倒一杯给儿子，告诉他是'分岁酒'，喝下去又长大一岁了。他挑剔地说：'你用的是美国货葡萄酒，不是你小时候家乡自己酿的酒呀。'"

这里似乎是跨度很大，但是似断而连，一句"如法炮制，泡了八宝酒"将历史与现实紧紧地连到了一起，表现的仍然是"家乡的味道"。而文末那句从心底发出的深深的感叹足以让所有的游子动心动容："究竟不是道地家乡味啊。可是叫我到哪里去找真正的家醅呢？"

文章到此戛然而止，留下了深长幽远的乡愁意味。

2. 多角度设计教学方案

教案的创新设计不仅要求教师有现代化的教学理念，还要求教师有丰富的实践经验。这种丰富的实践经验在日常教学中固然可以积累，但同样也需要自觉的自我训练。从教案创新设计本身来讲，自觉地要求自己作一些多角度教案设计的训练，于理念、于思维、于技能都极有好处。

下面是《小石潭记》"一课多案"的创新教学简案。

《小石潭记》教学简案

简案之一：

（1）反复朗读（约15分钟）

请学生朗读课文，老师听音；学生听读课文，跟读课文，注意读准字音；全班同学朗读课文，每朗读一段停一次，由五位同学概括五个段意；老师强调落实一批四字词语，同学们朗读，并读课文注释。

（2）自由发现（约14分钟）

学生对"课文美点"自由探究、发现；同学们以两人小组的形式进行课中探究活动；全班交流；教师也向学生讲自己的发现。

（3）趣味欣赏（约14分钟）

教师提问，引出"清"字；学生自由发言，用带"清"字的形容词品析课文内容。

简案之二：

（1）读前铺垫（约4分钟），穿插柳宗元的《江雪》，从侧面点示课文写作背景。

（2）朗读背诵（约13分钟），穿插字词板块的梳理落实。

（3）精段品读（约10分钟），穿插赏析课文语言的学法介绍。

（4）整体欣赏（约13分钟），用"资料助读"的方式，穿插精短的赏析短文，引导学生品析欣赏课文。

简案之三：

（1）从标题"小石潭记"入手尽快切入课文。（约1分钟）

（2）朗读课文，再朗读课文，学生质疑问难，读懂字词。（约12分钟）

（3）朗读第一段，欣赏"移步换景，动静结合"的描述手法。（约7分钟）

（4）朗读第二段，欣赏"定点特写，一笔两用"的描述手法。（约6分钟）

(5) 朗读第三段,欣赏"由近及远,留有悬念"的描述手法。(约4分钟)

(6) 朗读第四段,欣赏"环视四周,情境交融"的描述手法。(约10分钟)

(7) 教学小结。(约2分钟)

3. 多角度组织课中活动

课中活动,从大的方面来讲,是教学理念的具体表现,从小的方面来讲,关系到教学细节的设计水平。学生的课中活动讲求把学生深深带入课文,讲求让学生拥有大量的语文实践机会,还讲究变化有致、情味盎然。如课文《芦花荡》教学中的多角度"说读"活动。

多角度"说读",也叫作"读一文,说几文"。这种阅读方法要求我们在阅读一篇文章或一篇课文之后,从不同的角度来"说一说"课文。

(1) 简介式地说——用简洁的语言介绍故事和人物。如:

故事发生在抗日战争的岁月里。在充满诗情画意的芦花荡里,一个干瘦的老头子,整天划着小船自如地穿梭着,他让抗日将士感到快乐,让日本鬼子感到胆寒。他自信,他自尊,他有柔情、有热血、有仇恨,他是一只勇敢的鱼鹰!

(2) 复述式地说——用叙述的语言简说文中的故事。如:

《芦花荡》叙说的是一位老英雄的故事。他在芦花荡神出鬼没,无数次地通过鬼子的封锁线,保证了苇塘中部队的供给,保证了部队的战斗力。因为他,敌人的愿望就没有达到。但在送大菱和二菱进芦花荡的过程中,大菱挂花了。他恨自己为什么偏偏没有完成这一次任务,他痛苦,他愧疚,他发誓要报仇。他在船头上放了一大捆新鲜的莲蓬,引诱鬼子进入枯木桩子的水区,让钩子把鬼子咬住。曾经张牙舞爪的鬼子成了受伤的困兽,动弹不得,束手挨打,老英雄手无寸铁却把十几个鬼子打得头破血流!

(3) 评论式地说——对文中的人物进行评说与分析。如:

老英雄是将近六十岁的老头子,是一个有着爱国抗日热情的人。他浑身没有多少肉,干瘦得像老了的鱼鹰。那晒得干黑的脸、短短的花白胡子显得特别精神,那一双深陷的眼睛特别明亮。他每天夜里在水淀出入:里外交通，运输粮草，护送干部；而且不带一支枪。老英雄是一个自信、自尊和乐观的人。在敌人紧紧封锁的水面上，就像一个没事人，按照早出晚归捕鱼撒网那股悠闲的心情撑着船，编算着使自己高兴也使别人高兴的事情。老英雄是一个勇敢的智慧的人，鬼子打伤了大菱，他说："等明天我叫他们十个人流血！"他终于让每个鬼子的腿肚子都挂上了钩，他把船一撑来到他们的身边，举起篙来砸他们的脑袋，像敲打顽固的老玉米一样。

（4）举例式地说——积累文中的生动语言或美妙笔法。

课文中有不少如诗如画的景物描写，形、色、动、静都写得很有特色。如"月明风清的夜晚人们的眼再尖利一些，就可以看见有一只小船从苇塘里撑出来，在淀里，像一片苇叶，奔着东南去了""弯弯下垂的月亮，浮在水一样的天上""月亮落了，半夜以后的苇塘，有些飒飒的风响""第二天，中午的时候，非常闷热。一轮红日当天，水面上浮着一层烟气""水淀里没有一个人影，只有一团白绸子样的水鸟，也躲开鬼子往北飞去，落到大荷叶下面歇凉去了""这里的水却是镜子一样平，蓝天一般清，拉长的水草在水底轻轻地浮动""在那里，鲜嫩的芦花，一片展开的紫色的丝绒，正在迎风飘撒"……

（5）想象式地说——想象故事中的"画面"或揣摩人物心理。如：

在那苇塘的边缘，芦花下面，有一个女孩子，她用密密的苇叶遮掩着身子，看着这场英雄的行为，她就是二菱。她在想，老同志可真有办法真有本事啊，不用枪，一人就能对付十几个鬼子，打得他们鬼哭狼嚎。老同志砸得好，狠狠地砸，还帮我们多砸鬼子几下，叫他们头破血流。啊，老同志究竟是用的什么方法让鬼子动弹不得的呢？……

还可以进行：说明式地说——说清课文的层次和情节；欣赏式地说——说出课文中的美点妙要；感悟式地说——说说读了这篇课文之后的感受；等等。

在这样"多角度说读"的学习过程中，学生由于"说"的角度变化而获得了充分的语言实践的机会，学生由于有了"角度"不同的"说"而努力地去理解，去发现，去探求。这从表面上看是学生的课中活动丰富，而实际上它充分地表现出教师的引领作用，表现出教师对课堂活动设计的研究功力；这样的一种"多角度"，也是超常规的。

38. 横向联系法

　　从某一点生发开去，将能够聚集到一起的材料聚集起来，从而铺展出一个又一个资料板块的方法，就叫作"横向联系法"。

　　如下面关于鲁迅作品的研究，都需要运用横向联系的方法来收集资料：鲁迅作品中的儿童形象；鲁迅小说中的"我"；鲁迅小说中的议论；鲁迅小说开头与结尾的艺术；鲁迅小说的炼名艺术；鲁迅小说中的"看客"形象；鲁迅作品中的步态描写；鲁迅作品中的"特种族"人；鲁迅作品中矛盾词语妙用举例；鲁迅作品中"手"的描写；鲁迅杂文中的辞趣现象；鲁迅作品的过渡艺术；……

　　"横向联系法"在研究中的重要作用是进行专门对象的收集、集聚。这是一种连类而及的方法，是一种整合同类资料的方法，是一种板块积累的方法，是一种聚集精华的方法，是一种丰厚内容的方法，是一种实用的研究技法；这是一种集"散"材料为"类"材料的阅读方法；这种读法可以开拓出知识的无限疆界，使教师成为知识花篮的编织者。

　　只要确定一个"点"，就能延展开去，牵连出一个又一个的"同类"，运用这种方法能够获得无数的"组合"与"板块"，使教师手中占有大量第一手的资料，从而大大提高教师理解教材的水平、设计教学的水平和撰写论文的水平。

　　横向联系法视点纷纭，题材广泛，层次复叠，角度多样。如，积累关键性的基础知识，积聚训练用的阅读材料，编织写作指导的训练材料，组合大量不同角度的语言学习材料，收集、支撑同一论题的多个论据，汇集某种文体的若干教法，赏析若干个具有某个相同点的人物形象、介绍景物描写的多种笔法等。我们甚至可以通过对课后练习中所有的"句子"训练题的分析来了解教材的训练意图。

　　请看一个用横向联系法来研究教材、改进教法的例子。

　　在课文的阅读教学中，教师常常运用"读写结合"的方法来深化阅读与训练语言,但方式与手法变化不大。如果我们以"读写结合"为"话题",用横向联系的方法来集聚教材中的读写练习设计,我们会惊奇地发现,教材中竟有如此之多的、生动活泼的、可用可行的训练方法供我们借鉴,以人教版课标教材为例:

1. 仿写学用。如《组歌》:在这两首散文诗中,作者采用第一人称,借助丰富的想象,艺术地描绘了"浪"和"雨"的生活,表现出对人生的思考。你不妨模仿这种写法写一首散文诗。

2. 补说续写。如《喂——出来》:展开想象,从小说结尾续写下去,一二百字。

3. 变角改写。如《智取生辰纲》:这篇课文是从杨志等人的角度来叙述故事的,课文标题却是"智取生辰纲",试从晁盖的视角来改写这个故事。

4. 想象创编。如《藤野先生》:夜深人静之时,面对挂在墙上的藤野先生的照片,想到与恩师已阔别20多年了,鲁迅一定有许多话想对先生说。把握文章主旨,展开合理想象,模仿作者口吻,给藤野先生写一封信,表露作者当时的心迹。

5. 话题短文。如《故乡》——作者说:"其实地上本没有路,走的人多了,也便成了路。"结合课文内容,说说这句话的内涵,并结合社会和人生,以这句话为话题,写片段作文。

6. 读后随感。如《亲爱的爸爸妈妈》:你对那位日本作家的言论有什么看法,写一则感想或评论,200字左右。

7. 表达感受。如《雪》:课文中写了塑雪罗汉,《从百草园到三味书屋》中写了雪地捕鸟,描写都非常生动传神。你在雪地上做过什么游戏,试写一段文字描述出来。

8. 技法实践。如《我用残损的手掌》:诗人往往把情感寄寓在具体的形象上,使抽象的心绪变得具有可感性。借鉴这种写法,联系你的生活体验,写几句富有诗意的话,抒写自己的一种感情。

9. 定向探究。如《出师表》:诸葛亮在中国是家喻户晓的人物,有关他的事迹、传说、俗语还有很多。课外收集有关资料,以"千秋诸葛我评说"为题写一篇作文。

10. 自由表达。如《事物的正确答案不止一个》:把课文的最后一段抄在本子上，并选取此段中的某一个观点，举出生活中的一两个事例来证明它。

……

横向联系法给我们带来的不仅仅是资料，它带给我们的还有联想的思路、搜寻的眼光和撷取的习惯。然而还不止于此，用横联法所得到的资料板块，还只是一种简单叠加的形式，还是一种原始积累，我们有必要对其进行深加工与精加工，即进行分析与研究，使之产生更大的"经济效益"。当然，由于要进行深加工与精加工，我们的研究技法又上升到一个新的层次。

例如，运用横联的手法，我们能从课文中找出几十例对人物的"脸色"进行描写的句子，它们就是我们阅读所得的"原始积累"产品，这就叫作"简单叠加"："他的面孔黄里带白，瘦得教人担心，好像大病新愈的人。""韩麦尔先生站起来，脸色惨白。""原先紫色的圆脸，已经变作灰黄，而且加上了很深的皱纹。""他身材很高大；青白脸色，皱纹间时常夹些伤痕；一部乱蓬蓬的花白的胡子。""我父亲脸色早已煞白，两眼呆直。"……

我们可以此为例，发现"脸色描写"的各种笔法，探究"脸色描写"的表达作用，欣赏"脸色描写"的语言运用，品析"脸色描写"与修辞手法的关系。这就叫作"综合分析"与"奇妙发现"。下面就是一些这样的实例。如：

1. 用"横联"的方法积累景物描写类的文言词语。

浩浩汤汤	横无际涯	朝晖夕阴	气象万千	霪雨霏霏	阴风怒号
浊浪排空	日星隐耀	山岳潜形	樯倾楫摧	薄暮冥冥	虎啸猿啼
春和景明	波澜不惊	上下天光	一碧万顷	沙鸥翔集	锦鳞游泳
岸芷汀兰	郁郁青青	长烟一空	皓月千里	浮光跃金	静影沉璧
重岩叠嶂	隐天蔽日	素湍绿潭	回清倒影	悬泉瀑布	飞漱其间
清荣峻茂	晴初霜旦	林寒涧肃	高猿长啸	空谷传响	两岸连山
风烟俱净	天山共色	从流飘荡	奇山异水	水皆缥碧	千丈见底
游鱼细石	急湍甚箭	猛浪若奔	夹岸高山	泉水激石	好鸟相鸣
横柯上蔽	疏条交映	高峰入云	清澈见底	两岸石壁	五色交辉
青林翠竹	四时俱备	晓雾将歇	猿鸟乱鸣	夕日欲颓	月色入户

积水空明	藻荇交横	林壑尤美	水声潺潺	峰回路转	野芳幽香
佳木繁阴	风霜高洁	溪深鱼肥	夕阳在山	人影散乱	树林阴翳
鸣声上下	芳草鲜美	落英缤纷	豁然开朗	土地平旷	屋舍俨然
良田美池	阡陌交通	鸡犬相闻	不蔓不枝	香远益清	亭亭净植

……

2. 用"横联"的方法讲授语文知识。

请感受下面诗联所描写的美丽画面：

绿树村边合，青山郭外斜。

潮平两岸阔，风正一帆悬。

大漠孤烟直，长河落日圆。

明月松间照，清泉石上流。

采菊东篱下，悠然见南山。

细雨鱼儿出，微风燕子斜。

星垂平野阔，月涌大江流。

鸟宿池边树，僧敲月下门。

……

想一想这些画面，真是美极了。其实，你眼中的美好画面，又岂止以上几幅呢？生活中、作品中到处都是啊。阅读之中，我们有一种很重要的"感受"，那就是感受文字绘成的"画面"。能够感受作品中的画面，就说明我们有了一定的语感。下面一些角度都是可以尝试的：

感受画面的动静之美，如"两岸青山相对出，孤帆一片日边来"。

感受画面的色彩之美，如"两个黄鹂鸣翠柳，一行白鹭上青天"。

感受画面的层次之美，如"三山半落青天外，一水中分白鹭洲"。

感受画面的映衬之美，如"天阶夜色凉如水，卧看牵牛织女星"。

感受画面的呼应之美，如"几处早莺争暖树，谁家新燕啄春泥"。

感受画面的构图之美，如"春潮带雨晚来急，野渡无人舟自横"。

感受画面的虚实之美，如"飞流直下三千尺，疑是银河落九天"。

感受画面的意境之美，如"月落乌啼霜满天，江枫渔火对愁眠"。

……

还可以感受作品中画面中的声音、速度、远近、高下、点面、线条等；更重要的，我们还可以感受到画面中渗透的情感、情意和情趣。

3. 用"横联"的方法赏析精美的语言片段。

请看"一笔双写"的美妙笔法。

例一，《记承天寺夜游》中的一句：

> 庭下如积水空明，水中藻荇交横，盖竹柏影也。

例二，《小石潭记》中的一段：

> 潭中鱼可百许头，皆若空游无所依。日光下彻，影布石上，怡然不动，俶尔远逝，往来翕忽，似与游者相乐。

它们美在哪儿？美在景物的清静？美在景物的秀美？美在淡墨轻描的点染？是的，这些都是它们所表现出来的美。但最美的是它们都运用了美妙的"一笔双写"描绘方法。

例一写的是水吗？不，它是在借水写月，是写了美丽的月色而并不言及美丽的月。

这与直接描写月色相比，有什么好处呢？

好在创造，好在新颖，好在写出了作者在那刹那间的真实感受，写出了一种非常幽雅的情味：既写了那清幽澄明的就像水下宫殿一样的奇美环境，又写了月色的皎洁和月光的柔和。

例二写的是鱼吗？是，又不尽然是，它是在借鱼写水，是写了清澈的潭水而全然不言及清澈的水。

这与直接描写池水相比，有什么好处呢？

同样好在创造，好在新颖，好在写出了作者在那一瞬间的真实感受，写出了一种很是洁净的境界：既写了鱼儿自由生活在像水晶宫一样的奇丽环境，又写了水质的清莹和水色的清亮。

前者是用水来写月，后者是用鱼来写水，真是有趣。

不仅仅只是有趣，而且是一种表达艺术——对某物一个字儿也不写，而在文中可以处处见到某物。

这就是"一笔双写"的美妙笔法，它言此意彼，虚实相生，语言凝练，令人回味；它比直接描写某物更能表现优美的意境。

在现代文学作品中，也能经常看到这种美妙的笔法，下面一段话，出自著名作家贾平凹笔下。读读看，这一段话写的是什么呢？它为什么写得好呢？

树林子像一块面团了，四面都在鼓，鼓了就陷，陷了再鼓；接着就向一边倒，漫地而行；呼地又腾上来了，飘忽不能固定；猛地又扑向另一边去，再也扯不断，忽大忽小，忽聚忽散；已经完全没有方向了。然而一切都在旋，树林子往一处挤，绿似乎被拉长了许多，往上扭，

　　往上扭，落叶冲成一个偌大的蘑菇长在了空中。哗地一声，乱了满天黑点，绿全然又压扁开来，清清楚楚看见了里边的房舍、墙头。
　　……

这里的描写，美在绘形，美在绘声，美在作者处处写"风"而没有一个"风"字出现。

4. 用"横联"的方法积聚作文指导的材料。

学习课文，写好作文的开头和结尾。

（1）作文的开头，应当多考虑写这样的句子：

直接入题句。如："盼望着，盼望着，东风来了，春天的脚步近了。"

直接入情句。如："白杨树实在是不平凡的，我赞美白杨树！"

直接入景句。如："天亮的时候，雨停了。"

直接入境句。如："我不由得停住了脚步。"

直接入事句。如："我冒了严寒，回到相隔二千余里，别了二十余年的故乡去。"

直接入物句。如："石拱桥的桥洞成弧形，就像虹。"

直接入论句。如："天时不如地利，地利不如人和。"

直接写人句。如："我与父亲不相见已二年余了，我最不能忘记的是他的背影。"

（2）文章的结尾，可以多写有这样表达作用的句子：

有余味。如："好像我背上的同她背上的加起来，就是整个世界。"

有情感。如："我的保姆，长妈妈即阿长，辞了这人世，大概也有了三十年了罢。我终于不知道她的姓名，她的经历；仅知道有一个过继的儿子，她大约是青年守寡的孤孀。仁厚黑暗的地母呵，愿在你怀里永安她的魂灵！"

有含义。如："几年过去了，我渐渐明白：那是一个幸运的人对一个

不幸者的愧怍。"

有意境。如："在这浅紫色的光辉和浅紫色的芳香中，我不觉加快了脚步。"

有理趣。如："救救青海湖，救救月牙泉，救救所有因人的介入而即将成为荒漠的地方！"

有哲理。如："我想：希望是本无所谓有，无所谓无的。这正如地上的路；其实地上本没有路，走的人多了，也便成了路。"

有文采。如："我是大海的叹息，是天空的泪水，是田野的微笑。这同爱情何其酷肖：它是感情大海的叹息，是思想天空的泪水，是心灵田野的微笑。"

有照应。如："忽然抚尺一下，群响毕绝。撤屏视之，一人、一桌、一椅、一扇、一抚尺而已。"

……

5. 用"横联"的方法进行试题研究。

请看2012年高考"作用赏析题"部分研究材料：

2012新课标卷题 11. 小说开头第一段就描写马裤先生的衣着言行，这样写的意图是什么？请简要分析。(6分)

2012安徽题 13. "清净伟大，照射光明的生活，远不止灯台守，人生宽广得很！"父亲的这句话在文中有什么作用？请简要分析。(6分)

2012北京题 17. 梅里雪山在作者的小说创作中具有重要的作用，根据文意，谈谈这些作用表现在哪些方面(6分)

2012广东题 16. 文章开头描写宏村对秋景有什么作用？(4分)

2012江苏题 13. "这个小城的天气多好！"请分析小说结尾处这句话的含意和作用。(4分)

2012江苏题 14. 作品叙述舒缓，没有太强的故事性，这样写对表现小说的内容有什么作用？试作探究。(6分)

2012湖北题 17. 文章用了较大篇幅叙述"姑嫂鸟"的故事，请谈谈作者这样写的用意。(4分)

2012湖北题 18. 联系全文，简要分析"杜鹃啼"在文章谋篇布局中的作用。(4分)

2012浙江题　12. 第四段中作者写由药名引发的联想，有何用意？（3分）

2012浙江题　13. 文中为什么用较多的笔墨写"甘草"？（4分）

……

由此可知，语文教学研究中的"横向联系"法是将有内在联系的材料组合起来，进行不同角度的分析，进行表达规律的提炼。这样的实践进行得多了，会给你的语文研究带来不尽的内驱力和令人惊喜的收获，你会觉得语文教学研究中到处都有闪光的火花；这样的实践进行得多了，不仅仅只是创造了学术财富，也同时发展了、提高了我们研究的技能和治学的智能。

39. 纵深探索法

课文《叫三声夸克》的开头是这样的：

> 有一种礼品盒，看上去只是一个盒子，不知道里面是空的，还是装了什么东西。打开来看看，里面仍然是一个盒子。好奇心驱使，再打开这个盒子，里面又是一个盒子……总之，盒子里装盒子，不知道最里面的盒子里面到底是什么。

这个比喻很形象地说明了人们对事物进行不断探究的一种方法与过程，即纵深的探究。

纵深探索法是一种从纵向对事物、对现象、对问题进行开掘、延伸、深化、穷尽的科学研究方法。

浓缩课文《叫三声夸克》的内容，我们可以看到这样一个不断深化的纵深发展的科学研究过程：自古以来都认为原子是不可再分的了→原子核是由质子和中子组成的→绝大多数的基本粒子都属于强子→所有的强子都是由3种夸克构成的……

由此我们可以感悟到"纵深探索法"的一些特点：

1. 纵深探索法的研究视点比较集中，研究过程有阶段性，每一个阶段都可能产生研究成果，前一阶段的成果往往是后一阶段的研究起点。

2. 纵深探索法往往从一个点切入，走一步，再走一步，坚持走下去，逐步深入，以求不断地获得新的发现，不断地得到新的成果。

3. 与横向联系相比，纵深探索具有相当的难度，具有较长时间的跨度，科学研究上的发现基本上都与纵深探索有关。

4. 用纵深法进行学术研究，需要有较好的视点，需要毅力，需要耐性；用纵深法进行学术研究，可以产生系列性的研究成果。

5. 横向联系法与纵深探索法最大的不同在于：横联法往往是"找例证"，纵深法往往是"作发现"。

用纵深法进行中学语文教育教学的探究，有的延续时间比较长，比如"什么是语文"的问题；有的则可以用相对较短的时间完成，比如教师个人的某个"课题"等。在研究的过程中，人们往往用"反复地实验""连续地发现""一层层递进""接续式填补""多角度开掘""线索式推进"等方式来取得阶段性成果。

中学语文教学研究中，纵深探索的重要方法表现于连续地发现和多角度开掘。

所谓连续地发现，是在事物已有探究成果的基础上继续进行新的研究，从而填补前面研究所留下的空白。这种"连续"，可以是对自己前阶段研究的深化，也可以是对别人已进行的研究的深化。

所谓多角度开掘，指的是围绕着某个问题、某个话题、某个课题、某个选题、某个论题或某个专题进行多侧面、多角度的探求，用具体而微的探究所得来丰富、深化自己或大家对它们的认识。

下面举一个实例——议论文写作运思角度的研究：

1. 单个用例。单个用例使用灵活，可出现在议论过程中的每一个环节，但主要用法有三种。一是为了"引"，即用在文章开头，引出议论；二是为了"结"，得出论述的结论；三是为了"析"，进而引伸分析、进行议论。

2. 集中用例。用三五个例证同时证明一个观点，显现出议论的力度和气势，一方面表达出论点的正确和鲜明，另一方面给读者以力量的感染。

3. 并列用例。用几个不同侧面的例子，从不同的角度支撑中心论点，有时候是直接支撑，有时候是先形成分论点，然后再支撑中心论点。用此法结构文章，可以显现出思维的严谨和思路的清晰，让读者一目了然。

4. 对举用例。将正反相对、是非分明、矛盾对立、好坏有别的例证同时举出，形成对照、比较，以增加议论的深刻性、感染力。运用"对举用例法"，注意用例的个数不必拘泥，有时可用多个"误例"对一个"正例"，以烘托"正例"的突出；有时可多个"正例"对一个"误例"，以利于引申、阐发。

5. 叙议结合。这是议论文常用的表达手法，边叙边议，以议为主，使文章说理生动、贴切，有令人信服的落脚点。采用"叙议结合法"的重点在于：第一，叙议的紧密结合；第二，浓烈情感的渗透。

6. 跳跃升华。此法主要用于短论。从本质上讲，它属于叙议结合的手法，从思维上讲，它的叙与议之间有一个跳跃的升华的过程，即从一个具体的事件、一个具体的物品之上急剧地抽象出一种意义、一个道理。这种写法形象生动，简洁明了，富于启迪性、哲理性，类似于寓言的画龙点睛笔法。

7. 联想生发。联想是议论文中常用的一种思维形式，人们常常以某种事物、某种现象为发端，从相似、相关、相反、相类等不同的角度展开联想，进行议论。其展开的思路主要有由此到彼、由近到远、由小到大、由具体到抽象、由原因到结果、由现象到本质、由生活现象到社会现象等。

8. 设喻明理。这是运用比喻的方法把抽象、深奥的大道理讲得具体生动、深入浅出，让人容易接受。这种方法往往在文章提出观点或论题之后，通过叙述一个故事、一则寓言或笑话，以之作为一种比喻，来讲明道理，对论点进行论证。

9. 谈古论今。"说古以论今，借古以喻今"是一种文笔高雅、知识性强而议论又颇为人们欢迎的说理、议论的方式。它引用古人言论著述、行为事例或古代故事、寓言，以此为发端进行议论说理。或将古今现象进行对比，或从"古"中引出"今"的借鉴，或从古到今引申出某种道理，熔知识性、趣味性、教育性于一炉，给读者以教益。

10. 析材论理。此法普遍适用于材料作文、看图作文，其写法是复述材料、评析材料，或深入挖掘，或引申生发。对材料的分析评论可以是针对内容的，也可以是针对作法的，还可以是阐述材料内容给人以启迪和警戒的，等等。析材论理的关键在于从材料中提出观点、提炼观点，观点准确新颖是议论成功的前提。

另外，还有以喻为论、形象喻理、表里分析、因果分析、比较分析、类比论证、辩证分析、逆反议论、巧作批驳等多种运思方式，将它们展开来，就是关于议论文运思角度深入探究的系列成果。

下面再举一个实例——《故宫博物院》的写段技巧：

《故宫博物院》不仅给我们介绍了故宫的悠久历史、建筑风格、建筑物的区域以及景物的美丽，还给我们带来了不少的学写作文的规范材料。我们今天所讲的，就是它的写段技巧。

《故宫博物院》最美好的地方在于它的语言表达。除了大量的常用语汇之外，最有特色的是它的段落结构模式，也就是它的段式。

所谓段式，就是段落的写作构思模式、展开模式，也可以说是段落的结构模式。品味文章的段式，既是阅读能力的训练，也是写作训练的启迪。

《故宫博物院》中最值得学习的，是它的描述式说明段。如：

> 大殿正中是一个约两米高的朱漆方台，上面安放着金漆雕龙宝座，背后是雕龙屏。方台两旁有六根高大的蟠龙金柱，每根大柱上盘绕着矫健的金龙。仰望殿顶，中央藻井有一条巨大的雕金蟠龙。从龙口里垂下一颗银白色大圆珠，周围环绕着六颗小珠，龙头、宝珠正对着下面的宝座。梁枋间彩画绚丽，有双龙戏珠、单龙翔舞，有行龙、升龙、降龙，多态多姿，龙身周围还衬托着流云火焰。

这样的说明段多用形容词，多用生动的语汇，多用描述的手法，所以称之为描述式说明段。在介绍建筑、风景之类的说明对象时，人们常常用这样的语段来对事物进行说明，一方面尽显事物的美感，另一方面渗透作者的情感。

描述式说明段的展开形式多种多样，在本课中共有四种：

1. 说明＋阐释式描述

〔例段一〕

> 太和殿俗称金銮殿，高28米，面积2380多平方米，是故宫最大的殿堂。｜在湛蓝的天空下，那金黄色的琉璃瓦重檐屋顶，显得格外辉煌。殿檐斗拱、额枋、梁柱，装饰着青蓝点金和贴金彩画。正面是12根红色大圆柱，金琐窗，朱漆门，同台基相互衬映，色彩鲜明，雄伟壮丽。

我们在段中加了一条短竖线，它标示出竖线之前是很简洁的一句说明，整体介绍了太和殿，之后则是用描述的方式对这座"故宫最大的殿堂"进行阐释，让人们感受到太和殿是如此的辉煌壮丽。

于是，可以看出，例段分为两个层次，显示了说明文中常用的一种写段的结构模式：先略作说明，再详细描述。说明是平实的，一句话就将事物的特点概说得很清楚；描述是生动的，几句话就将事物的特点表现得生动具体。也就是说，这样的段落，其写法就是一两句概说式的说明加上几句生动形象的具体描述。这就是"说明+阐释式描述"。

2. 说明+举例式描述

〔例段二〕

太和殿是举行重大典礼的地方。皇帝即位、生日、婚礼和元旦等都在这里受朝贺。｜每逢大典，殿外的白石台基上下跪满文武百官，中间御道两边排列着仪仗，皇帝端坐在宝座上。大殿廊下，鸣钟击磬，乐声悠扬。台基上的香炉和铜龟、铜鹤里点起檀香或松柏枝，烟雾缭绕。

例段的第一层次同样是用简洁的语言进行了说明，点示出了事物的特点——"太和殿是举行重大典礼的地方"。紧接着就举例，用描述的方式说明"每逢大典"时盛况。

这个例段也显示了说明文常用的一种段落结构模式：先说明，再举例描述。略作说明，是将事物的作用概说得很清楚；举例描述，是将事物在特定境况下的情形表述得生动优美。这就是"说明+举例式描述"的作用。

3. 说明+比较式描述

〔例段三〕

后三宫往北就是御花园。御花园面积不很大，有大小建筑二十多座，但毫无拥挤和重复的感觉。｜这里的建筑布局，环境气氛，和前几部分迥然不同。亭台楼阁、池馆水榭，掩映在青松翠柏之中；假山怪石、花坛盆景、藤萝翠竹，点缀其间。来到这里，仿佛进入苏州园林。

如果去掉例段中"这里的建筑布局，环境气氛，和前几部分迥然不同"这一句，那么这一段的表达形式就与例段一完全一样。但正是因为有了这一句，作者强调的中心就不同了。作者在这儿强调的是御花园在"建筑布局，环境气氛"方面与前面的建筑物相比的"迥然不同"，为了表明这种完全的不同，作者于是就进行了生动的描述。

这个例段也是两个层次。前一层简洁地说明事物特点，后一层设置比较，并用生动的描写表现出事物区别于其他事物的独特状况。这就是"说明+比较式描述"，因为有了比较，而让事物的特点显得更加鲜明。

4. 说明＋观感式描述

〔例段四〕

从御花园出顺贞门，就到紫禁城的北门——神武门，对面就是景山。景山是明代修建紫禁城的时候，用护城河中挖出的泥土堆起来的，现在成了风景优美的景山公园。｜站在景山的高处望故宫，重重殿宇，层层楼阁，道道宫墙，错综相连，而井然有序。这样宏伟的建筑群，这样和谐统一的布局，不能不令人惊叹。

在写游览、参观的说明段中，是需要流露出一定的情感的，而表达这种情感的较好的方式，则是表达观感。上面这个语段，分为两个层次，第一层是说明，是介绍；第二层就表现出一种观看了事物之后的感受。

作者表达的观感变换了说明的角度，好像已经不再是对说明的对象进行解说，而实际上这种观感是从侧面表现着说明对象给人的美好感受，就好像记叙文中的侧面描写一样。

观感，表现了说明对象的艺术影响力，活跃了说明段的结构，又适度地表达了情感。"说明＋观感式描述"相当有技巧且有艺术的感染力。

学用以上结构模式的说明段，需要注意几个问题：

1. 段落基本上由两个层次的内容构成，即"说明"加上"描述"。这样的层次结构方便于段的展开。

2. 为了突出"描述"在段中的作用，要注意点示出关键的词语，如以上几个例段中能够突现出"举例""比较""观感"的词语。

3. 在运用这种模式时"描述"的分寸感甚为重要。说明文中的描写不同于记叙文或文学作品中的描写，它不要求尽情地渲染，也不要求着意的抒情，需要的只是客观、准确、适度。

如果别出心裁的话，可以学用上面的四种段式来写一篇建筑物或者景点介绍方面的说明文。

上述两个例子，一个从集体事物的角度，一个从单篇课文的角度，共同表现出一种力求穷尽、透彻的研究思路，那就是"深透"。

在这样的时候，问题、话题、课题、选题、论题或专题就成为研究的线索，引动、牵动着我们的研究；我们的研究所得，就像一粒一粒的果实，由这条线索串联起来，每结出一粒果实，就是一次深化。

40. 发现命名法

对自然界中美妙的景点,人们总是进行发现并别出心裁地加以命名,创造出一种全新的说法。由于这生动、形象、引人遐思的创造,那些景点在我们的心目中就更加显得栩栩如生,有时还让我们回味无穷。

变个角度看,中学语文教学也是我们眼中的景点。在确有心得的时候,对某种语言现象、教学现象、写作现象,完全可以从自我感受出发,创造一种全新的说法。由于你的苦心斟酌,这种说法不仅闪耀着创造的光焰,而且能更加理性地指导着你的研究与实践。如关于下面这个语段的组成,从句与句的关系的角度,大约有如下四种说法:

①那是力争上游的一种树,笔直的干,笔直的枝。②它的干通常是丈把高,像加过人工似的,一丈以内绝无旁枝。③它所有的丫枝一律向上,而且紧紧靠拢,也像加过人工似的,成为一束,绝不旁逸斜出。④它的宽大的叶子也是片片向上,几乎没有斜生的,更不用说倒垂了。⑤它的皮光滑而有银色的晕圈,微微泛出淡青色。

1. ①是起始句,②③④⑤是展开句;
2. ①是中心句,②③④⑤是支撑句;
3. ①是总说句,②③④⑤是分说句;
4. ①是概说句,②③④⑤是描述句。

应该说,这四种说法都是言之有理的。从研究事物的角度看,这几种说法关系到两个重要的概念,一是进行了"发现",二是进行了"命名"。

发现法是一种独具慧眼的、精确地揭示出事物尚未被认知特点的研究方法。在科学研究中,发现的能力是最高层次的能力。在语文的教学教研中,可供发现的内容无处不在。有发现,就有心得;有发现,就有新意;有发现,就有成果;有发现,就有命名。

如下面哪怕是一句话,都是一种发现,都是一种命名:

《雪》——"咏物寓意"构思法。

《紫藤萝瀑布》——"即景抒怀"构思法。

《春》——"画面展现"构思法。

《听潮》——"乐章承接"构思法。

《醉翁亭记》——"镜头剪辑"构思法。

《岳阳楼记》——"场景变换"构思法。

《我的叔叔于勒》——"悬念层叠"构思法。

《狼》——"一字立骨"构思法。

《变色龙》——"独幕话剧"构思法。

《麦琪的礼物》——"意外结尾"构思法。

……

这里要说的是，有发现，就得有命名。命名是对"发现"的升华。只有对"发现"进行命名，才能表现它的价值；"发现"只有被命名，才能存活于人们的视野。

中学语文教学研究中的发现非常多，但命名非常少。这里有个思想束缚的问题。发现与命名的事儿是人人都可以做的。诸如对语法现象的发现、对写作规律的发现、对课型设计的发现、对教学思路的发现、对教学手法的发现、对学生学习现象的发现，等等，我们都可以给它们取个名字。这种取名，有时就好像我们在给一段话作评点一样。

"发现"是一个非常艰苦的过程，需要我们长久的耐力与精细的思考。没有耐力的人很少能够进行有效的发现，不进行精细思考的人很少能够进行切实的命名。特别是对规律的发现，要对大量的例证进行提炼，要用大量的旁证来证明你的命名在某种范围内正确，就更加需要深厚的积累。

如我们可以通过林希的《石缝间的生命》来阐释散文的一种表达规律，这种规律的提炼实际上是建立在大量的实例上的。

我们读过许地山的《落花生》，那是借花生来写人品；我们读过杨朔的《荔枝蜜》，那是用写蜜蜂来赞美农民；我们读过茅盾的《白杨礼赞》，那是用白杨来象征北方的农民，象征中华民族团结抗战的伟大气概；现在我们读林希的《石缝间的生命》，这是借小草、小花、松柏写生命力的坚韧和顽强。

世上万事万物，越是常见，往往越不被人重视，这就是所谓熟视无睹，习以为常。而善于观察与思考的人，却可以选择它们，对它们沉思，从它们身上展开联想，在它们身上融入强烈的思想感情，利用它们表达一定的观点。这就叫作"托物"。或托物言志，或即物明理，或以物写人，或借物言情。

《石缝间的生命》是即物明理，也带有热烈的借物言情。有了所托之物，不对其进行精妙的描写，不努力地逼真地表现出所写之物的外貌形态，那又如何能借物以明理、以写人、以抒情？

《石缝间的生命》中的"物"是鲜活的。这种鲜活表现在对它们的"根"的反复描写上。如：

1. 那春绿秋黄、岁岁枯荣的小草，瘦叶下的根为了少向母体吮吸营养，便自去寻找那不易觉察到的石缝。

2. 那小小山花和苦苦的蒲公英，它们的根竟似那柔韧的筋条和藤蔓，深深地插入石缝间狭隘的间隙里。

3. 最奇的是那雄伟苍劲、巍峨挺拔的松柏，它们的根在石缝中穿行、延伸、突破、盘结，像鹰爪抓住岩石，像缆绳缚住山崖。

……

石缝间顽强的生命，其不朽的生命力表现在特征分明的根上。这生命之根，凝聚了作者的情感，也将引发作者的议论。这就叫作"蓄势"。

如果说作者写小草是为了议"生机竟是这样的不可遏制"，写山花和蒲公英是为了颂物"生命就是拼搏"，写松柏是为了赞叹生命在困厄与艰险中创造奇迹，那至多只能说作者是叙中夹议，真正的议论抒情还在后头。

作者在写了草、山花与蒲公英、松柏之后，用了大量篇幅，海潮般地倾泄出心中的感悟：他赞叹立足于石缝间的生命的价值，他评说石缝对于锻炼生命的意义，他希望一切生命都应敢于去寻求最艰苦的生存环境。他说，石缝间顽强的生命，具有震撼人们心灵的情感力量，它是生物学与哲学的统一，又是一种美学现象。

原来，写小草小花松柏并不是为了表现它们，作者将它们作为自己情感的化身，演绎出丰富深刻的情与理。这就叫作"开掘"。

《石缝间的生命》——托物，蓄势，开掘，这三部曲不仅仅给我们以思想上的启迪，同时也告诉我们散文的一种写法与读法：看它如何托物，如何蓄势，如何开掘；或者说，看它怎样引出事物，怎样描写事物，怎样托物寄意。

"托物，蓄势，开掘"或"引出事物、描写事物、托物寄意"就是我们对咏物抒怀散文写作规律的一种发现与命名。发现与命名的过程，在这里得到了非常真实的表现。用这种点示了规律的命名来研究事物，有令人难以置信的效果。

如，我们可以用"托物，蓄势，开掘"的眼光迅速分析下面文章的章法结构：

蝉

今年，蝉鸣得早。杜鹃花还没有零落，就听见断断续续的蝉声了。近月来，窗外的蝉更知知不休，使事忙的人听了很烦。

一天，在树下拾得一只病蝉，透明的翅收敛了，身躯微微颤动，没有声响。它就是在树上知知不休过日子的小东西。那么小，却那么的响，竟响彻一个夏天！曾这样问：何必聒聒？那只不过是夏天罢了！

朋友说：知道吗？它等了17年，才等到一个夏天。就只有这个夏天，它从泥土里出来，从幼虫成长过来。等秋风一吹，它的生命就完结了。

17年埋在泥土中，出来就活一个夏天，为什么呢？

朋友说：那本来的生活历程就是这样。它为了生命延续，必须好好活着。哪管是90年，90天，都不过要好好地活过。

哦！那是蝉的生命意义！

斜阳里，想起秋风颜色，就宽恕了那烦人的聒聒！

（小思）

典型的"引出事物、描述事物、托物寄意"的写法。同样，下面一篇也是：

贝壳

在海边，我捡起了一枚小小的贝壳。

贝壳很小，却非常坚硬和精致。回旋的花纹中间有着色泽或深或浅的小点，如果仔细观察的话，在每一个小点周围又有着自成一圈的复杂图样。怪不得古时候的人要用贝壳来做钱币！在我手心里躺着的实在是一件艺术品，是舍不得拿去和别人交换的宝贝啊！

在海边捡起这一枚贝壳的时候，里面曾经居住过的小小的柔软的肉体早已死去，在阳光、砂粒和海浪的淘洗之下，贝壳中生命所留下来的痕迹已经完全消失了。但是，为了这样一个短暂和细小的生命，为了这样一个脆弱和卑微的生命，上苍给它制作出来的居所却有多精致、多仔细、多么地一丝不苟啊！

比起贝壳里的生命来，我在这世间能停留的时间和空间是不是更长和更多一点呢？是不是也应该用我的能力来把我所能做到的事情做得更精致、更仔细、更加地一丝不苟呢？

请让我也能留下一些令人珍惜、令人惊叹的东西来吧。

在千年之后，也许也会有人对我留下的痕迹反复观看，反复把玩，并且会忍不住轻轻地叹息："这是一颗怎样固执又怎样简单的心啊！"

（席慕蓉）

托物，引出事物：在海边，我捡起了一枚小小的贝壳。
蓄势，描述事物：第二段，第三段。
开掘，托物寄意：第四段，第五段，第六段。
……

在教学研究中，最有意义的发现与命名是针对自己的教育、教学与教研的特点的，是针对自己教学实践中别有新意的创造的。凡优秀的教师大多都立足于对自己的锤炼与发现，都立足于形成自己独特的教学风格，在一定的时候就有了对这种风格的命名。如洪镇涛的"语感教学"、胡明道的"学长式"、赵谦祥的"绿色作文"、王君的"青春语文"、程红兵的"语文人格教育"、邓彤的"语文素读教育"等，都是这样。

我许多年以来研究的中学语文课堂教学研究的艺术，从命名的角度来年看，就是10个字：板块式，主问题，诗意手法。

"板块式"，确切的说法是"板块式教学思路"。它不是一种教学方法，而是一种策划、安排课堂教学顺序与层次的理念与要求。"板块式思路"

的研究与运用，其意义在于让课堂教学过程清晰而又简明，让教学重点突出而又内容丰厚，让学生的活动充分而又深入。

"主问题"是引导学生对课文进行深入研读的重要问题、中心问题或关键问题。"主问题"研究与运用的重要意义在于大量减少日常教学教师的"碎问"和学生的"碎答"，从而形成对学生非常有训练力度的课堂阅读活动。

在中小学的语文课堂教学中，能够形成教学过程中细节的美、活动的美的手法，能够让教师在教学的某一细节、某一步骤里面酝酿具有文趣、情味、美感、诗意、浓浓语文味道的教学情境的手法，就是"诗意手法"。

我多年以来所研究的教材处理的艺术，从命名的角度来看，就是下面一些理念与手法：整体反复，多角品析；文意把握，选点突破；长文短教，深入品读；短文细教，充分利用；难文浅教，确保效率；美文美教，得体得法；朗读为线，分层品析；课中设比，精细研读；一文为主，多文联读；巧妙穿插，增加厚度；课文作文，以写带读。

在这一本小书里面，以上方面的一些内容，已经作了比较充分的渗透。

作为永远站立在讲台上的一线教师来讲，提炼自己、发现自己的视点应定位于教学现象，即对自己的教学特色进行发现与提炼。这种发现同样需要自己大量研究与实践过的素材，从素材进行提炼，由提炼而发现规律，由规律而进行命名，由命名而更加努力地发展自己。

这，也是一种成功的极有训练力度的治学方式。

图书在版编目（CIP）数据

致语文教师/余映潮著.—上海：华东师范大学出版社，2013.1
ISBN 978-7-5675-0212-3

Ⅰ.①致… Ⅱ.①余… Ⅲ.①语文教学—教学研究 Ⅳ.①H09

中国版本图书馆 CIP 数据核字（2013）第 009815 号

大夏书系·语文之道
致语文教师

著　　者	余映潮
策划编辑	朱永通
审读编辑	朱　颖
封面设计	奇文云海
责任印制	殷艳红

出版发行	华东师范大学出版社
社　　址	上海市中山北路 3663 号　邮编 200062
网　　址	www.ecnupress.com.cn
电　　话	021-60821666　行政传真 021-62572105
客服电话	021-62865537
邮购电话	021-62869887　地址　上海市中山北路3663号华东师范大学校内先锋路口
网　　店	http://hdsdcbs.tmall.com/

印　刷　者	北京密兴印刷有限公司
开　　本	700×1000　16 开
印　　张	14.5
插　　页	1
字　　数	222 千字
版　　次	2013 年 5 月第一版
印　　次	2023 年 12 月第十五次
印　　数	43 001—44 000
书　　号	ISBN 978-7-5675-0212-3/G·6107
定　　价	49.80 元

出 版 人　朱杰人

（如发现本版图书有印订质量问题，请寄回本社市场部调换或电话 021-62865537 联系）